El dictamen pericial criminalístico.

Doctrina y fundamentos científicos generales

Dager Aguilar Avilés

Honoris American Project
Estados Unidos. 2018

Autor: Dager Aguilar Avilés
Edición y corrección: Dager Aguilar Avilés
Editado y traducido por Instituto Centroeuropeo de
Criminología y Ciencias Forenses de Varsovia, Polonia.
Diseño de interior y cubierta: Colaboración de Stanck
Photos.co.
Diagramación: Lisandra Vásquez Mendoza

Sobre la presente edición:
©Dager Aguilar Avilés, 2018
© Instituto Centroeuropeo de Criminología y Ciencias
Forenses, 2018
El dictamen pericial Criminalístico. Doctrina y fundamentos
científicos generales.
ISBN-13: 978-1534782372
ISBN-10: 1534782370

©Ed. Honoris-American Project. 2018
Estados Unidos
e-mail: honorisamerica@gmail.com
www.honorisamerica.com
Contacto de autor: claudios2400@gmail.com

Del autor

Dager Aguilar Avilés: Ciudadano cubano residente en Polonia. Abogado, Criminólogo, académico, conferencista y escritor multi-bestseller en Mexico, Estados Unidos y Europa. Licenciado en Derecho con título de Oro (2007) y Máster en Criminología (2011) por la Universidad de La Habana. Doctorando en Derecho Global y Doctorando en Criminología por la Cambridge International University (2018). Rector y Profesor titular fundador del Instituto Centroeuropeo de Criminología y Ciencias Forenses de Varsovia, Polonia (2018-actualidad). Decano de Desarrollo global institucional y docente principal de la Silicon Valley School of the Law, SFO. Estados Unidos (2016-actualidad). Coordinador general del proyecto de Red Iberoamericana de ciencias penales y Criminología.(2017-actualidad). Miembro de la sociedad Internacional de Criminología y otras sociedades científicas. Miembro del grupo coorporativo de peritos del Ecuador. Ha dirigido varios investigaciones de tesis de diploma y maestría. Ha publicado varios libros sobre tópicos jurídicos, criminológicos, forenses y políticos en Europa y Estados Unidos y numerosos artículos en revistas especializadas de universidades europeas y latinoamericanas. Ha dictado ponencias y conferencias en varios eventos científicos internacionales. Ha recibido varios reconocimientos a lo largo de su carrera estudiantil y profesional. Once años de experiencia en el ejercicio del Derecho, la Criminología y la enseñanza universitaria, alternado con la gestión académica en instituciones de Educación Superior.

Indice

5

Tema II: El dictamen criminalístico como medio de prueba./142

Tema III: El criminalista como testigo especial en el proceso penal. /276

Presentación

Se me ha pedido que escriba un libro relacionado con la temática forense para apoyar al módulo introductorio a la especialidad en Criminalística que ofrecerá el Instituto Centroeuropeo de Criminología y Ciencias Forenses de Varsovia, Polonia. En tal sentido, qué mejor tema que el dictamen pericial y sus fundamentos doctrinales.

El dictamen pericial criminalístico es un tema muy poco tratado en la doctrina forense y jurídico-penal. generalmente suele tratarse desde la teoría de los medios de prueba de forma muy general. Es por eso que en nuestros egresados se aprecia casi siempre un vacío en la fundamentación doctrinal del dictamen pericial, visto más allá de lo que un medio de prueba. La filosofía que fundamenta un dictamen, su componente sociológico-jurídico y su relevancia forense son aspectos que en todo especialista deben quedar comprendidos de una manera exquisita. Es por ello que la necesidad de incluir un texto sobre esta temática en nuestros programas de postgrados es insoslayable. En correspondencia a ello se ha escrito un libro estructurado metodológicamente en tres capítulos. El primero de ellos: *El dictamen pericial criminalístico,* aborda algunos elementos teóricos que constituyen la doctrina básica de la fundamentación del dictamen pericial en las distintas facetas de nuestros sistemas sociales. Por ello destacamos y recomendamos en este acápite, entre otros temas, lo referente a las diferentes concepciones, definiciones y principios que han regido la actividad pericial, en lo que a dictámenes periciales se refiere, a lo largo de la historia de la Humanidad.

El segundo capítulo se titula *El dictamen criminalístico como medio de prueba.* En él se aborda la dinámica del dictamen pericial como medio de prueba en el proceso penal, sus límites, alcance e importancia; así como las distintos principios que conectan desde el punto de vista legal, jurídico y forense la doctrina forense relativa al dictamen criminalístico con la doctrina jurídico-procesal y sociológica en general. En este capítulo resulta novedoso las distintas clasificaciones realizadas sobre el dictamen pericial criminalístico y las distinciones conceptuales realizadas sobre aquella terminología más utilizada en la dinámica del dictamen pericial.

El tercero y último capítulo se titula *El criminalista como testigo especial en el proceso penal*. Aquí el enfoque recae en el elemento humano de todo dictamen pericial. Se realiza un bosquejo de todos los actos y procedimientos en donde interviene dicho elemento personal o humano. Entre estos destacamos la apreciación y valoración del dictamen pericial, así como la interrogación y la actividad testifical.

Sin lugar a dudas no estamos frente a una obra perfecta y mucho menos acabada. Nuestro objetivo es simplemente introducir al estudiante en el estudio del dictamen pericial a partir de la exposición de aquellos elementos doctrinales más importantes a tener en cuenta desde la perspectiva del análisis forense y jurídico procesal a la hora de abordar la actividad pericial criminalística. Entonces, si logramos servir al estudiante como fuente de ampliación de sus conocimientos y despertamos en él el interés por profundizar en el estudio sobre estos temas nuestros objetivos habrán sido cumplidos. A la primera graduación de estudiantes del Instituto Centroeuropeo de Criminología y Ciencias Forenses de Polonia va dedicada esta obra.

Tema I: El dictamen pericial criminalístico.

Sumario:

1. Fundamentos del dictamen pericial *1.1. Especial referencia al dubium procesal en la fundamentación del dictamen pericial criminalístico.* **2. Conceptos y definición. 3. Devenir histórico. 4. Función y finalidades. 5. Términología, Conceptos y definiciones asociadas al dictamen pericial.** *5.1. El perito. 5.2. Pericia y peritaje. 5.3. Informe pericial. 5.4. El objeto del dictamen pericial.* **6. Pre-requisitos metajurídicos del dictamen pericial criminalístico.** *6.1. Posibilidad. 6.2. Verosimilitud. 6.3. Necesariedad.* **7. Requisitos jurídicos del dictamen pericial criminalístico.** *7.1. Relevancia. 7.2. Legalidad. 7.3. Objetividad. 7.4. Profesionalidad. 7.5. Claridad. 7.6. Formalidad. 7.7. Puntualidad (principio de preclusión) 8. Estructura del dictamen pericial.* **9. Ampliación del dictamen. 10. La actividad pericial durante la fase preparatoria del proceso penal, su valor jurídico durante esta etapa. 11. La contradicción del dictamen pericial. 12. Reflexiones acerca de la motivación del dictamen pericial.**

1.Fundamentos del dictamen pericial criminalístico

El término "fundamento" es uno de los más distorsionados por el gremio jurídico y forense a la hora de abordar las razones y motivación de un dictamen pericial criminalístico. Usualmente se llama por "fundamento del dictamen pericial" lo que en realidad debe entenderse por su "finalidad" y esta confusión es lo que nos obliga a abordar inicialmente este tema.

El término *fundamento* nos genera rápidamente la idea de algo que sirve de cimiento, rudimento o base a otra cosa. Si bien esta noción no es incorrecta, se debe tener en cuenta que desde una perspectiva filosófica o subjetiva su significado difiere un poco. Así, conforme al *Diccionario de la Real Academia de la Lengua Española*, un fundamento es una razón principal, un motivo que justifica el origen de algo o su existencia.[1] En el ámbito forense y jurídico esta acepción se acopla

---

[1] *Diccionario de la Real Academia de la Lengua Española.* Publicado en el sitio web de la Real Academia de la Lengua española. Obtenible en http://dle.rae.es/?id=Ibx04OK Consultado el 3 de febrero de 2016 a las 17:09hrs.

perfectamente a las distintas categorías y figuras doctrinales que manejan las distintas sapiensias que componen ambos grupos. Por consiguiente, serán fundamentos del dictamen pericial criminalístico todas aquellas razones que justifican su existencia y utilidad social.

La razón lógica de todo dictamen pericial nace de la necesidad que tienen los magistrados de constatar la coincidencia de los argumentos de las partes en el proceso penal con la verdad real o material de los hechos. Esto es lo que explica por qué quien acuse a otro deberá probar la veracidad de sus imputaciones y su teoría del caso. Sólo de esta forma el juez otorgará valor a su argumentación y aceptará su petición procesal (pretensión punitiva). Si analizamos bien esta idea nos percataremos de que en el fondo del proceso penal, además de una contradicción entre los intereses de las partes, también existe una duda.[2] Esa duda que los romanos en su momento llamaron *dubium* la ostenta el juez. Constantemente éste debe preguntarse si las versiones que las partes cuentan

---

[2] La duda a la que hacemos mención aquí constituye la verdadera razón filosófica del dictamen pericial criminalístico.

sobre los hechos son reales y, en caso de que no coincidan, debe determinar por cuál de estas versiones se inclinará para fundamentar y dictaminar su fallo. Es así que la primera reacción lógica de las partes procesales sea presentar sus argumentos y teorías del caso con evidencias fehacientes que contribuyan a la formación de una convicción judicial en favor de sus pretensiones.[3] La doctrina procesal exige al juez que al dictar su sentencia no puede evidenciarse duda alguna y ni siquiera dar lugar a ella; pues las partes podrían recurrir a una instancia superior para impugnar el fallo emitido en virtud de ello. Es de esta manera que la ley permite al juzgador auxiliarse de expertos en diversas materias para que le orienten y faciliten el proceso de formación de una convicción segura (convicción judicial) sobre la historicidad del caso concreto y los alegatos de las partes. Así, en resumen, el fundamento del dictamen pericial está esencialmente en la necesidad de brindar seguridad

---

[3] En este sentido debemos destacar que quien realmente tiene la obligación de probar la culpabilidad del acusado y destruir la presunción de inocencia es el acusador. Esto es lo que en la doctrina se ha dado a llamar "carga de la prueba". El acusado, por medio de su abogado defensor, puede aportar elementos de prueba de descargo; pero ello no es obligatorio porque se presume inocente.

al juzgador para que éste pueda dictar y fundamentar debidamente su fallo eliminando toda duda posible entorno al objeto del proceso.[4]

1.1. Especial referencia al *dubium* procesal en la fundamentación del dictamen pericial criminalístico.

En la doctrina procesal se hace referencia a dos clasificaciones de la duda. Por un lado está la duda simple que es la cotidiana despertada por la curiosidad humana ante cualquier circunstancia y se describe como un mecanismo racional de supervivencia y evolución natural de los seres humanos. Por otro lado está la duda procesal que es a la que nos hemos estado refiriendo en esta obra y seguiremos refiriéndonos en lo adelante. La duda procesal, como es evidente, es la que interesa al Derecho por ser la que deviene en requisito de obligatorio vencimiento para poder dictar una justicia segura y realmente efectiva en la sociedad.

---

[4] A grandes rasgos el objeto del proceso es el propio hecho delictivo, así como las pretensiones de las partes. Por ello toda la actividad probatoria recae en las características del hecho y las circunstancias en las que el mismo ocurrió. Igualmente en sus consecuencias, como pueden ser responsabilidades penales y civiles.

También suele distinguirse la *duda de hecho* y la *duda de Derecho*. Ésta última es la que se suscita ante la indesición del juez sobre qué receta o precepto jurídico aplicar ante un caso concreto. No obstante, la vigencia del principio romano *iura novit curia* (el juez conoce) en nuestro sistema de Derecho Romano-francés presume que el juez tiene la sabiduría suficiente como para no equivocarse en la administración de justicia y que solamente debe obediencia a la ley. Por ello, sus decisiones en materia jurídica no son objetables, al menos que la ley así lo establezca. Por su parte, la duda de hecho es más compleja y se refiere a la incertidumbre que puede existir en el proceso entorno al hecho ocurrido y las circunstancias en las que se desarrolló. Ahí nacen las preguntas básicas que todo juzgador se formula y pretende esclarificar en cuanto recibe un pliego acusatorio: qué es lo ocurrido, cómo, cuándo, dónde, por qué, quién, etc;. Todo el proceso gira entorno a resolver las dudas de hecho y, para ello, el juzgador se auxilia de los especialistas forenses. Es así que la *duda o dubium* deviene en uno de los elementos más sustanciales del proceso penal; de manera que sin ella éste carecería de sentido y razón de ser.[5] El *dubium factum* (duda de hecho) se manifiesta procesalmente cuando de los elementos de pruebas aportados por las partes se desprenden narraciones de hechos alternativos. En tal sentido, el juez debe seguir procurando elementos de pruebas para formar convicción sobre un hecho que sea los más fiel posible al hecho real. Cuando ello se consigue se considera que se ha probado el hecho (hecho probado) y su razón filosófica se deposita en la lógica de que no existen dudas al respecto; es decir, que a partir de los elementos de pruebas aportados se ha podido narrar un hecho que no permite narraciones de otros hechos alternativos a partir de los propios elementos de pruebas aportados por las partes.[6] Por ello, el objetivo de eliminar todo *dubium* en el proceso penal será el primer eje cardinal del actuar del juzgador. Esto significa que el actual del juez en el proceso penal está orientado a obtener la certeza plena y

---

[5] NIEVA FENOLL, JORDI: *La duda en el proceso penal.* Ed. marcial Pons. Madrid, España. 2013. P. 20.

[6] Al respecto *vid*: AGUILAR AVILÉS, DAGER: *Consejos útiles para abogados penalistas: Nociones y estrategias a tener en cuenta para una defensa penal efectiva durante el juicio oral.* Editado por el proyecto Honoris-América. Estados Unidos. 2017. P 125-139.

convicción sobre los hechos objeto del proceso. De ahí deviene la importancia del dictamen pericial en el proceso penal, pues es la herramienta o medio más fehaciente y abalada científicamente para cumplir el objetivo de eliminar cualquier duda de hecho.

Otro aspecto que no debemos obviar en este análisis es que el peritaje mismo está definido por criterios de cientificidad. Ello significa que todos los argumentos contenidos en el dictamen pericial deben estar contrastados indubitadamente desde el empirismo de la ciencia en la que se fundamentó el peritaje realizado. Aunque no lo parezca, este es un elemento muy importante a tener en cuenta, pues en verdad la cientificidad del peritaje conjuntamente a la experticia del perito son los elementos antonomásticos de la utilidad del dictamen pericial y la fundamentación de su necesidad en el proceso penal. Precisamente, por incidir directamente en la eliminación de toda duda de hecho como ningún otro medio de prueba.

2. Conceptos y Definición.

Si analizamos la raíz etimológica de la palabra *dictamen* verificaremos que proviene de los términos *dictare* (que significa dictar) y *men* (que alude a un resultado). De ahí que básicamente se comprenda a un dictamen como el *acto de dictar un resultado*. Como es evidente, este análisis nos brinda una noción sobre lo que debe entenderse por dictamen, pero no puede ser concebido más allá de lo que un punto de partida en el intento de definir un dictamen pericial; pues ya el calificativo "pericial" complejiza significativamente este concepto. El ámbito de las ciencias jurídicas, al igual que las forenses, son un ejemplo de dicha complejidad a la que hacíamos mención; por lo que una definición tan escueta no aborda, ni siquiera, los elementos o categorías esenciales que encierra la conceptualidad actual de un dictamen pericial. Esta tarea se torna más ardua si partimos de la idea de que aún en la doctrina se observa un marcado partidismo debido a las distintas concepciones y perspectivas con las que se asume el fenómeno investigativo-forense en los procesos penales actuales. Por un lado están aquellos que conciben

21

al dictamen criminalístico desde una perspectiva materialista u objetiva; es decir, como aquella plataforma (documento, vídeo, grabación sonora, etc.) mediante la cual el perito introduce en el proceso penal las conclusiones de sus análisis requeridos previamente por la autoridad correspondiente. Sin embargo, otros conciben el dictamen pericial desde una perspectiva subjetiva o funcional. En tal sentido la comprenden como la conclusión misma a la que ha llegado el perito, independientemente del medio que utilice para darla a conocer a quien corresponda. Intentando conciliar estas dos posiciones se levanta una postura ecléctica que concibe al dictamen pericial como el resultado de un análisis especializado sobre un fenómeno determinado y que se introduce por medio de algunas formalidades pre-establecidas en la ley al proceso penal, tras requerimiento de alguna autoridad competente. Es por eso que podemos encontrar muchas definiciones, inclusive contradictorias, que intentan abordar de manera absoluta el fenómeno pericial plasmado en el dictamen. No obstante, de una manera muy acertada, existen definiciones que pueden ser tomadas como puntos de referencia al intentar definir un dictamen pericial. En tal sentido, el Consejo Nacional de peritos judiciales y colaboradores con la administración de justicia de España define el Dictamen Percial como el *documento en el que se reflejan las anotaciones y conclusiones minuciosas llevadas a cabo por el perito y debe destacar por su redacción sencilla, comprensible y detallada, en la que se incluya descripción de "la cosa", con algún dato de interés y obviando lo insignificante. Se debe reflejar la situación de forma clara y concisa para que sea entendido y procesado correctamente por parte del Juez, sin necesidad de tecnicismos que lleven a la incomprensión.*[7] De igual manera, SANTIAGO BARAJAS MONTES DE OCA en el *diccionario jurídico mexicano* (1994), define el dictamen pericial como *el informe que rinde un perito o experto en cualquier arte, profesión o actividad, en el que da a conocer sus puntos de vista o resultados respecto del examen o análisis que haya hecho de una cuestión*

---

[7] CONSEJO NACIONAL DE PERITOS JUDICIALES Y COLABORADORES CON LA ADMINISTRACION DE JUSTICIA: *Dictamen pericial.* Obtenible en http://www.consejoperitos.com/-dictamen-pericial-.html. Consultado el 1 de enero de 2018.

sometida a sus conocimientos, sobre una materia específica.[8]

Así, suscesivamente, podríamos seguir exponiendo disímiles definiciones proyectadas entre las distintas concepciones aquí tratadas. Lo cierto es que de este análisis conceptual y los dos ejemplos de definiciones expuestos anteriormente se desprende que cualquier intento de construir una definición acabada del dictamen pericial criminalístico debe comprender, al menos básicamente, cinco ideas fundamentales a saber:[9]

- La presencia de un experto.
- La conclusión a la que arriba el experto después de un análisis especializado.
- El fenómeno sobre el que recae el análisis del perito (objeto del dictamen pericial).
- El medio o formalidad por la que el dictamen se introduce al proceso penal.

---

[8] SANTIAGO BARAJAS MONTES DE OCA citado por JULIO CALVO BLANCO : *Dictamen Pericial* en Enciclopedia Jurídica Online. Obtenible en http://mexico.leyderecho.org/dictamen-pericial/. Consultado el 1 de enero de 2018.

[9] Cada uno de estos elementos serán posteriormente abordados de manera más detallada en los epígrafes y capítulos restantes de esta obra.

- La finalidad del dictamen.

La primera categoría que debe incluir todo intento de definición de dictamen pericial es el elemento humano expresado en el sujeto experto que lo llevará a cabo. Este sujeto es el perito. El perito es un elemento esencial por cuanto sin él el peritaje y el dictamen mismo serían imposibles. Es el portador de toda la racionalidad suficiente para comprender e interpretar el fenómeno objeto del peritaje, así como explicar los resultados alcanzados.

Por su parte, la *conclusión* a la que arriba el experto luego de realizar el peritaje no es más que la respuesta a la duda que le ha presentado la autoridad que le ha requerido. Esta duda puede comprender desde las circunstancias en la que ocurre el delito hasta determinar la identificación de los autores y restantes participantes o, simplemente, valorar la autenticidad de un documento, un objeto o una caligrafía. Con esta idea se quiere significar que la conclusión a la que arriba el perito es la que debe lógicamente poner fin a toda duda de hecho entorno a lo que ha sido objeto de su peritaje. Así, la conclusión misma es para muchos la esencia del dictamen pericial, ya que un dictamen sin conclusión no tiene utilidad ni razón de ser.

El *objeto del dictamen pericial* es una parte esencial de éste en cuanto todo dictamen debe recaer sobre algo. Esto quiere decir que todo dictamen debe versar sobre una fenomenología que requiere conocimientos especiales para su comprensión, intervención y posterior explicación. Con anterioridad, en otra obra, ya explicabamos algo que resulta loable traerlo nuevamente a colación aquí: "El objeto de un peritaje es aquello sobre lo que recae directamente la actividad pericial o de examen especializado. Por tanto, será objeto de un peritaje aquello sobre lo que se reflexiona, analiza y dictamina. En este sentido no debe confundirse el objeto del peritaje como tópico central con el objeto directo del peritaje; pues este último se refiere a la materia que se examina(dígase una superficie, el arma homicida, etc)."[10] Sin embargo, aquí nos estamos centrando en *el objeto del dictamen pericial que no es lo mismo que el objeto del peritaje,* por lo que siempre debemos cuidar no caer

---

[10] AGUILAR AVILÉS, DAGER: *Odorología Criminalística ¿Qué es?.* Editado por proyecto Honoris-América. Estados Unidos. 2015. P.71.

en confusiones conceptuales. En tal sentido debemos destacar que el objeto del dictamen es el propio peritaje y las conclusiones a las que arriba el perito.

También debemos aludir a las *formalidades* por las que el dictamen pericial se introduce en la esfera procesal. Este elemento es bien importante porque aquí la formalidad no es un simple ritual, sino un acto que da validez jurídica y reconocimiento público a la conclusión que emitirá el perito en su dictamen. Además, la formalidad del dictamen prevista en la ley tiene un trasfondo procesal en cuanto significa un compromiso tácito de las partes procesales de aceptar el resultado o conclusión expuesta en el dictamen y debatirlo conforme establecen los preceptos legales, so pena de que el juez lo asuma como prueba o no para la fundamentación de su fallo.

La *finalidad* es otro de los elementos esenciales a la hora de definir al dictamen pericial. Esto se debe a que el dictamen se fundamenta en su utilidad dentro del proceso penal y, por tanto, debe ser objetivo y directo en las conclusiones que ofrece. Ello se traduce en que debe ser útil para los sujetos procesales que lo han requerido conforme establezca la ley y, especialmente para el juez que debe formarse una convicción fundamentada sobre el caso puesto a su consideración. De ahí se comprende que todo dictamen pericial persigue fines mediatos (ser útil al juez) y fines inmediatos (resolver y aclarar un asunto específico que requiere conocimientos especializados para su resolución [dudas de hecho]).

A partir de los elementos anteriormente expuestos podríamos definir al dictamen pericial, desde una perspectiva procesalista, como *aquel documento donde quedan reflejado los resultados más relevantes del peritaje recaído sobre una cosa, persona, circunstancia o cualquier otra fenomenología y que sirve para ilustrar al juez y sujetos procesales sobre aquellas cuestiones dudosas respecto al objeto del proceso penal concreto.*

3. Devenir histórico.

Uno de los tópicos más confusos y menos tratados en el ámbito forense es la historia del dictamen pericial. Cuando hacemos referencia a este tema no aludimos a la historia del peritaje, del perito ni de la prueba propiamente dicha, sino a la historia sobre la forma en que las conclusiones periciales son introducidas en el proceso penal y su trascendencia jurídica. Es decir, la historia de los dictámenes periciales específicamente, en tanto medio de prueba. Con ello queremos significar que el devenir histórico del dictamen pericial como fenomenología presenta algunas características que lo particularizan y es de ellas que hablaremos en este epígrafe. No obstante, resaltamos que no basta con estudiar la historia del dictamen pericial de manera aislada sino que debe ser abordada integralmente con la historia del peritaje, del perito, del Derecho probatorio e, incluso, de la Criminalística. Ello se debe a que aun cuando cada fenomenología y ciencia tengan particularidades en su devenir histórico siempre han estado enlazados lógicamente, por lo que para comprenderlos fehacientemente se requiere recurrir necesariamente al tronco de los aspectos históricos y doctrinales que los unen. Aunque este es un tema muy complejo y bastante controversial, en este epígrafe daremos algunas nociones sobre el *iter* histórico del dictamen pericial en las distintas sociedaddes y épocas de la humanidad.

Ahora bien, el surgimiento del dictamen pericial como medio de prueba propiamente dicho no ha quedado fijado de manera homogénea en la doctrina forense y jurídica. Los estudios jurídico-penales y forenses indican que era la figura del "brujo" durante la comunidad primitiva quien jugaba el rol de experto ante cualquier manifestación mágico-religiosa. Solamente él, por medio de las divinidades, podía dar interpretaciones con supuesta exactitud sobre el significado de cada acontecimiento natural y sobrenatural en la vida de la comunidad. De esta manera la fuerza jurídica de la costumbre, el *tabú* y el respeto por los *tótem* obligaban a los miembros de la comunidad a reaccionar casi instintivamente ante cualquier ofensa a las divinidades, aún cuando no existía la pena ni el Derecho Penal. En ese Derecho consuetudinario[11] se recurría al brujo para que éste apreciara en su condición de hechicero (comunicador por excelencia entre los hombres y

---

[11] Que se fundamentaba en la costumbre como principal fuente de Derecho.

los dioses) la gravedad de la ofensa realizada hacia dichas divinidades. No debe confundirse al brujo con un juez; pues la justicia quedaba en manos de la víctima en algunos casos y en otras ocasiones en manos de la comunidad. Lo cierto es que el hechicero era quien evaluaba la gravedad de los hechos considerados ofensivos y, en función de ello, consultaba a las deidades y emitía un criterio que incidía directamente en la conciencia colectiva y la credibilidad del hecho analizado, siendo así que se aplicaba consecuentemente la severidad del castigo correspondiente.[12] Esto refleja la inexistencia de una persona superior al brujo para conocer u opinar sobre cualquier materia(al menos en el plano terrenal). La adivinación y consulta con las deidades era el mecanismo que el brujo utilizaba para comprobar la ocurrencia de un hecho y la identificación de sus partícipes, así como responder a todas las dudas que se sometían a su

---

[12] Entre las formas punitivas existentes en la comunidad primitiva se encontraban: La venganza privada absoluta, la venganza de sangre y la expulsión de la paz. Posteriormente aparecen otras formas de punición como la ley del Talión, la Venganza divina, la composición y la venganza pública, ya en Grecia. Al respecto vid: QUISBERT, EMO: *Historia del Derecho Penal a través de las escuelas penales y sus representantes..* CED, Centros estudios del Derecho, La Paz, Bolivia, 2008. P. 17.

consideración. Solo bastaba que el brujo preguntara a las deidades si el hecho realmente había ocurrido y éstos le responderían por medio de los sistemas de lecturas divinas que los hechiceros poseían, como pudieran ser huesos, caracoles , piedras, etc. Así, también se preguntaba por aquellos sospechosos y supuestamente las deidades identificarían al autor del hecho ofensivo para que fuese castigado. Con todo lo anteriormente explicado se comprende que no existía el peritaje propiamente dicho ni una explicación científica de la prueba. Lo que el hechicero presentaba ante la víctima que recurría a él, ante el consejo de ancianos o la comunidad misma eran las conclusiones interpretadas a partir de los sistemas adivinatorios y de consultas a las divinidades; pues éstas últimas eran a las que se les dirigía las preguntas y se les atribuían todos los conocimientos absolutos y dominio de la verdad indubitada, mientras que el brujo era su comunicador o enlace con los hombres. De esta manera, no existía un dictamen pericial sino conclusiones que emitían las supuestas deidades y que el brujo comunicaba a la comunidad mediante un ritual religioso. No obstante, en la conciencia colectiva el hechicero era la persona más adecuada para emitir criterios y conclusiones ante cualquier "duda de hecho propiamente dicha" en todo acto ofensivo al clan o las deidades o ante cualquier otro acontecimiento.

En el antiguo egipto se estudiaba la sabiduría contenida en el *Libro de los muertos* para conocer técnicas de identificación, ya sea de cadáveres o esclarecimiento de hechos delictivos. Los mejores conocedores de estas doctrinas eran llamados con frecuencia para la realización de estas faenas. Cuando éstos terminaban su labor debían entregar a los juzgadores un pergamino con sus conclusiones que no eran más que las respuestas a las previas preguntas escritas formuladas por los propios juzgadores. También se usó mucho el retrato hablado; pero los dictámenes periciales más reconocidos por los juzgadores seguían siendo aquellos que se emitían directamente por las deidades. En tal sentido y aunque parezca ilógico, la divinidad más utilizada para dar conclusiones sobre dudas y preguntas que le formulaban los juzgadores y las partes en los distintos procesos, si bien que no era la única, era el Dios Cocodrilo *Sobek*. Esta deidad era considerada un as en el esclarecimiento de hechos criminales y la resolución de dudas de hecho. En su templo de *Shedet* las personas iban y dejaban pergaminos con preguntas, los cuales eran enterrados y, en un tiempo prudencial, el solicitante recibiría señales que esclarecerían sus dudas planteadas. Es por ello que en este templo aún hoy se encuentran miles de pequeños pergaminos con preguntas de todo tipo. Los juzgadores y faraones mismos acostumbraban a enterrar allí dudas sobre los hechos delictivos que se sometían a su consideración para que *Sobek* les ayudara a esclarecer sus mentes o emitiera conclusiones sobre determinados aspectos de orden puramente forense. La manera en que este Dios respondía a las preguntas de los juzgadores no se conoce a ciencia cierta, pero se presume que debía ser mediante un despertar en la conciencia del juzgador a partir de ideas y aparición en su mente de aspectos y puntos de vistas que anteriormente no habían sido tomados en cuenta por éste. También se presume que podía ser mediantes sueños. Lo cierto es que el juez a partir de que sometía las dudas procesales a *Sobek* se guiaba exclusivamente por su intuición y la fundamentaba como un acto de iluminación de dicho Dios como respuesta a su pregunta. Ello es lo que fundamenta, en gran medida, la dictadura de la convicción judicial ilimitada en el ámbito procesal penal egipcio de aquellos tiempos. Como es evidente, en egipto ya se evidencia una formalización de los dictámenes periciales en cuanto se exigía que fuesen escritos en determinados tipos de pergaminos y entregados con cierto grado de oficialidad ante quien lo solicitaba. También, a diferencia de la comunidad primitiva, en caso de que no se recurriera a *Sobek* se exigía la experticia y el reconocimiento popular de quien emitía un dictamen.

En la antigua Grecia el Derecho se separa del principio religioso. Consecuentemente, el Estado se consolida políticamente y se reserva la potestad y derecho a castigar (*ius puniendi*) fundamentándose en su soberanía. En el Estado Espartano la justicia es administrada por la *Gerusia*. Este era uno de los órganos de gobierno y estaba compuesto por 28 ancianos mayores de sesenta años y los dos reyes. En Atenas, por su parte, el Estado alcanzó niveles de organización superiores. Un rasgo relevante, en lo que respecta a la actividad pericial en esta civilización, es que el conocimiento se fue especializando de la misma manera que se desarrollaron las ciencias y aumentó esa sed de entendimiento del mundo por parte de los hombres. Es así que inició una proliferación de estudiosos que frecuentemente eran requeridos para brindar criterios especializados en diferentes materias durante los procesos de juzgamiento. Entre los peritos más reconocidos de aquellos tiempos, por ejemplo, se encontraba CALÍMACO. Éste era un erudito, profesor y poeta que tuvo a su cargo la dirección de la Biblioteca de Alejandría hasta su muerte, por lo que se le reconoce como el padre de la Bibliotecología. Frecuentemente era requerido en materia de justicia para emitir sus criterios respecto a la originalidad de escrituras y documentos. Durante este periodo la actividad pericial se informaba de forma oral y de manera menos formal; pues se llevaba al experto ante el juzgador y se le solicitaba que realizara su peritaje y emitiera sus criterios en el momento en que se celebraba el juicio. Esto quiere decir que lo que hoy conocemos como dictamen e informe pericial se realizaba en un solo acto y se comunicaba de forma oral.

En Roma rigieron tres formas de proceso o sistema procesales a saber: *legis actio*, el formulario y el extraordinario.[13] La *legis actio* era un sistema procesal en el que regía el *iudiciorum privatoum* (el orden de los juicios privados). Ello significaba que el orden de los juicios se llevaba a cabo conforme a las solemnidades que estableciera la ley. Este sistema se aplicó desde los orígenes de Roma hasta la vigencia de la ley *Aubutia* (*lex aubutia*). Como su nominación indica, las partes resolvían sus controversias frente a un juez y poseían gran independencia en su gestión procesal. Esto quiere decir que ellas mismas podían designar a expertos que peritaran en determinadas materias, pero sólo las partes introducían en el proceso dichas conclusiones mediante acciones previstas en la ley. Ello se debe a que en este sistema no se permitía la representación jurídica ni la intervención de terceros.[14] De esta manera un peritaje lo realizaba

---

[13] Al respecto vid: BRAVO GONZÁLEZ, AGUSTÍN: *Derecho Romano, Primer curso* (15ª Edic), Edit. Porrua. México. 1997.

[14] Las únicas excepciones por las que se permitía intervención de terceros en representación de alguna de las partes eran cuando una de las partes se encontrase en prisión o ausente del Estado (Ex Lege Hostilia), si una de las partes era un esclavo y reclamaba su libertad solamente podría ejercerlo mediante la representación de un ciudadano libre (pro

un experto designado por alguna de las partes y las conclusiones o dictamen podían transmitirse a dicha parte por escrito u oral. No obstante, las partes debían introducir dichas conclusiones al proceso y rendir el informe al juez de manera oral. Esto quiere decir, reiteramos, que el proceso se realizaba exclusivamente entre las partes y el juez. Aquí resulta loable destacar dos características importantes: por un lado, el peritaje que realizaba un experto era parcializado, pues sólo buscaba demostrar los intereses de la parte que lo solicitaba; por otro lado, no existía la profesionalización del perito y por ello el experto podía ser cualquiera que tuviera conocimientos y experiencia suficientes para emitir un criterio fundamentado sobre un tema.

Los procesos en los que más se acostumbraba a designar expertos para peritajes era en las llamadas *praedes litis et vindiciarum*. En estos casos se utilizaban las *actio sacramenti* (acción por sacramento) en las que el objeto de litigio era una cosa o sus frutos y las partes se comprometían a

---

libertate); cuando se iba en representación de los intereses del pueblo o un grupo de personas (ex populus) y, por último, cuando el tutor iba representando a su pupilo infante o menor de edad (pro tutela).

restituir esa cosa a su contrincante en caso de que así lo estimara el juez. Sucedía que generalmente la parte vencedora designaba un experto para que valorara la cosa y su estado de deterioro y emitiera sus conclusiones al respecto y en lo referente a que si la cosa litigada no había sido intercambiada por otra idéntica de menor valor. En estos supuestos la parte vencedora podía demandar a su contraparte por fraude. En otros casos el juez podía nombrar tres árbitros o expertos que tenían la misión de evaluar el importe de las cosas, la calidad de su acabado, material de fabricación y otras cuestiones específicas para estimar su valor monetario y obligar al condenado a pagar ese monto, al cual se le sumaba el doble del valor de los frutos de la cosa. Estos árbitros solo eran requeridos cuando el condenado se negaba a entregar la cosa y desobedecía la sentencia del juez.

Con la introducción de esta facultad de los tres árbitros en el sistema procesal romano se inicia la profesionalización del perito. A partir de la entrada en vigor de la *Lex Aubutia* (130-120 a. d. C.) se le permite a las partes escoger el sistema procesal por el que van a dirimir sus conflictos (*legis actio* o Formulario). Es así que entra en vigencia el proceso Formulario. No obstante, hasta aquí el dictamen pericial sguía fusionado en un solo acto procesal con el peritaje y se emitía de forma oral.

El proceso Formulario o *per formulis* se basaba en las llamadas fórmulas por las que las partes introducían el caso y sus pretensiones particulares para que el juez dictaminara. Las fórmulas se estructuraban en cinco partes: la *designatio* (donde se designaba un juez), la *demostratio* (donde se relataban los hechos y los fundamentos jurídicos de la acción), *intentio* (donde se expresaba lo que pretendían las partes), la *condenatio* (parte en la que se le reconoce la potestad decisoria del juez y las partes se comprometen a acatar su fallo) y, por último, la *adjudicatio* (esta parte sólo se incluía en los procesos que se litigaba por la adjudicación de bienes y acciones divisorias). Las fórmulas eran recibidas por el pretor, quien delimitaba la cuestión que debía resolver el juez. Posteriormente las partes se presentaban ante el *iudex* o juez y de manera oral desarrollaban el juicio que culminaba con una sentencia.

De lo anunciado en el párrafo anterior se comprende que el proceso formulario se dividía en dos partes. Una parte sumarial, donde predominaba la escritura, y una parte de debate, donde predominaba la oralidad. En este sistema procesal las partes podían proponer expertos y testigos en la cláusula referente a la *demostratio*. No obstante, su admisión dependía del pretor (*preter*) quien tenía la potestad de admitir el peritaje pero rechazar al experto propuesto por las partes y designar a otro que considerara más competente. Igualmente podía rechazar el peritaje propuesto y solicitar otro diferente a realizar por el mismo experto o simplemente designar a otro especialista. Para ello solo bastaba que las partes solicitaran un peritaje y el pretor en virtud de la fórmula *iura novit curia* (el juez conoce) se reservaba la facultad de establecer los cambios que considerara pertinentes. Sin embargo, si las partes no solicitaban un peritaje el pretor no podía incluirlo en el proceso al menos que fundamentara claramente su necesidad, verosimilitud y posibilidad.[15] A pesar de este

---

[15] Pre-Requisitos metajurídicos del dictamen pericial que estudiaremosmás adelante en esta obra

avance, los dictámenes e informes seguían fusionados en un solo acto; pues el experto designado debía realizar su peritaje y dar sus conclusiones en el acto de juicio frente al juez. De ahí que la formalidad de introducción de las conclusiones del perito siguiera siendo oral. Como habíamos anunciado anteriormente, ya en esta etapa de la República romana se experimenta una profesionalización del peritaje debido a que muchos especialistas en diversas ramas formaban parte de una cantera de expertos reconocida por la preturia y que los titulaba tácitamente como competentes para prestar servicios periciales a los jueces y magistrados. Aunque el pago por estos servicios era irrisorio, se evidenciaba el principio de una titulación que auxiliaría para siempre la administración de justicia. Uno de los expertos más reconocidos en esta faena fue Lucio Anneo Séneca, máximo representante del estoicismo romano. Éste se desempeñó como forense al mismo tiempo que ejercía como cuestor en la corte romana.

A partir del tercer siglo surge el proceso extraordinario que sustituye completamente al formulario. Ya el proceso no se dividía en dos partes, por lo que el juez que conoce de la acción es el mismo que dictará finalmente la sentencia. Ahora la jurisdicción es realizada exclusivamente por el Estado y la escritura gana terreno como formalidad en los actos procesales. Los peritajes, por consiguiente, eran documentados y la *motivación* de estos ya no se entendía como propia del juez sino del Estado que era representado por el juez.[16] En este sistema resulta relevante, a los efectos de esta obra, la presencia de las reconvenciones y la apelación como recurso de impugnación contra la sentencia del juez. La reconveción era una especie de contra-demanda en la que el demandado podía a su vez demandar al demandante y volcar todo el proceso contra él. Es decir, podía pasar de demandado a demandante. No obstante, con la apelación, tal y como la conocemos actualmente, el demandado podía impugnar determinados aspectos de la sentencia del juez si mostraba evidencias claras que no hubiesen sido evaluadas durante el juicio oral. En tal sentido la prueba pericial adquirió mayor embergadura, pues las partes solamente podían

---

[16] Sobre la motivación del dictamen pericial lea el epígrafe referente a ello al final de este capítulo I.

fundamentar su apelación en temas relacionados a los hechos. Esta disposición se debe a que desde el sistema formulario regía la máxima *iura novit curia* (el juez conoce) y conforme a ella los fundamentos de Derecho que manifestara el juez por medio de la sentencia u otra vía eran incuestionables porque sólo a él se le reconocía públicamente esa experticia. De esta manera, las partes sólo podían introducir argumentos referente a los hechos y debatir sobre ellos.

Ahora bien, esta relevancia de acudir a expertos para realizar apelaciones y convenciones obligaba al nuevo tribunal que conocería del caso a recibir por escrito toda la memoria del juicio anterior, especialmente en lo que se refiere a la práctica de las pruebas asumidas por el juez anterior para fundamentar su sentencia. Así es como se iba consolidando la costumbre de exigir por escrito las conclusiones de los peritajes o apreciaciones de los expertos para fundamentar la admisión del recurso de apelación con los elementos de pruebas presentadas por las partes. Este aspecto es bien importante porque si el juez consideraba que no había razones fácticas suficientes para aprobar un proceso de apelación simplemente lo denegaba. Muchas veces los especialistas forenses y jurídicos expresan que el dictamen pericial surge en el propio proceso a primera instancia, tal y como lo conocemos hoy. En verdad es en tiempos de el Imperio Romano donde nace la figura del dictamen pericial ya separada del informe pericial y fue concebido exclusivamente para los procesos de impugnación de sentencia, tal y como ya hemos explicado en las líneas anteriores. En ocasiones el juez que administraba el proceso de apelación de sentencia judicial podía excepcionalmente convocar al experto para que aclarara algunos puntos de su dictamen de forma oral durante el juicio. Así se constataba que a veces lo escrito en el dictamen pericial podía ser malentendido por el juez o simplemente el experto que peritó podía no estar seguro de su dictamen y reconocer posteriormente su equivocación. Esto provocó que entre los jueces se hiciera cada vez más recurrente la presencia de los expertos en el juicio para garantizar que todo lo que quedaba escrito coincidiera con lo que ellos habían comprendido (ya que no eran expertos en esos temas) y así poder formarse una convicción judicial segura y acertada. Lo cierto es que en sentido general tanto Grecia como Roma significaron un desarrollo científico importante en la concepción del dictamen pericial. Especialmente porque esta concepción fue transitando desde la hermenéutica religiosa hacia la lógica.

Tras la invasión de los Germanos el Derecho procesal romano sufre algunos cambios, pero en lo que respecta a la concepción del dictamen pericial se evoluciona muy poco o más bien se retrocede. Aquí debemos tener en cuenta de que el Derecho Germano tuvo una base consuetudinaria marcada por un fuerte privitivismo. No obstante, la práctica romana se impuso en tal sentido, de manera que los procesos continuaron utilizando el dictamen pericial de forma escrita y el informe oral como vía de comunicación ante el juzgador. Debido a la fuerza de la costumbre y el poco análisis o debate reflexivo durante los procesos penales en el Derecho germánico, el dictamen pericial perdió fuerza ante la prueba testifical, el juramento y los juicios divinos como medios y forma de pruebas.

Durante el Derecho Canónico con el auge de los juicios de Dios y las Ordalías[17] el dictamen pericial detiene su avance histórico, si así pudiéramos decirle. En este periodo las ordalías fue el medio de prueba más usado y fue sustituyéndose paulatinamente por la tortura. De lo que no cabe dudas es que el dictamen parecía regresar a la oralidad como formalidad, pero impregnado de un sentido religioso tremendo.

Durante el Positivismo los dictámenes periciales continúan siendo escritos pero alcanzan mayor relevancia jurídica en el proceso penal. Aquí debemos tener en cuenta que conforme a esta corriente de pensamiento filosófico se refuerza la idea del empirismo en el proceso penal y la verdad demostrada. Aquí se resalta la necesidad de acumular pruebas y fundamentarlas científicamente de la manera más indubitada posible. Es en este

---

[17] Las ordalías o juicios de Dios era aquella institución jurídica en los que se invocaba e interpretaba el juicio de la divinidad a través de mecanismos ligeramente ritualizados. De dichos resultados se infería la inocencia o la culpabilidad del acusado y se resolvían las dudas de hecho planteadas a Dios. No obstante, el dictamen pericial perdió casi toda su eficacia procesal dado los métodos utilizados como medios de prueba en este sistema procesal inquisitorio.

periodo que se extiende la escritura del dictamen pericial como formalidad de comunicación en todas las instancias del proceso penal.[18] Ya la forma de comunicación del dictamen pericial ante el juzgador y las formalidades para su introducción en el proceso penal dejan de ser, en mayor medida, un punto neurálgico de debate doctrinal; pues el principio de legalidad había subsumido esta problemática al establecerse en la mayoría de las leyes producto de los procesos de codificación europeos y latinoamericanos una fórmula legislativa muy efectiva vigente hasta nuestros días: la escritura como forma oficial predeterminada de los dictámenes periciales criminalísticos, salvo que la propia ley establezca lo contrario. No obstante, la fundamentación científica de los dictámenes era entonces la regla de oro y se comienza a entender filosóficamente el papel de la duda de hecho en el proceso penal y su papel en la fundamentación del

---

[18] Tengamos en cuenta que en el proceso extraordinario romano se obligaba la escritura del informe pericial solamente en los procesos de impugnación de sentencia, aunque también pudiera solicitarse por escrito eventualmente en los procesos extraordinarios en primera instancia. Sin embargo, en el medioevo la oralidad ganó mucho terreno en este aspecto y los dictámenes generalmente se emitían oralmente y sin fundamentos científicos fehacientes.

dictamen criminalístico tal y como lo concebimos hoy. La motivación del dictamen pericial ya había sido entendida desde la república romana, pero sus fundamentos empezaban a esclarecerse, tal y como lo concebimos hoy.

Con el neopositivismo se intentó resolver tres aspectos fundamentales referentes al dictamen pericial que no había podido resolver el positivismo, a saber:

- *La metodología del dictamen pericial.* Es en este periodo que se hacen cuestionamientos referentes a la lógica del dictamen criminalístico. Pues los neopositivistas aludían que no bastaba con que las conclusiones del dictamen criminalístico pudieran ser constatadas empíricamente sino que debían, además, ser analizable lógicamente. Esto es lo que se llamó *significado por verificación.* Así se inicia la exigencia de que en los procesos penales los medios de pruebas pudieran ser verificables empíricamente y explicados desde la lógica científica, incluso por diferentes expecialistas, arrojando siempre los mismos resultados para que los elementos de pruebas que aportaban pudieran ser considerados realmente "pruebas" por el juzgador. Así nace, más o menos, la estructura formal que conocemos hoy del dictamen pericial criminalístico.

- *La explicación científica de la fenomenología del dictamen pericial criminalístico*. En este sentido se consideraba que el dictamen pericial como medio de prueba debía corresponderse con la doctrina existente respecto a los medios de prueba, el Derecho probatorio y la teoría de la prueba propiamente dicha. Por ello en este periodo se inicia en un primer momento una búsqueda por la identificación de las distintas categorías que comprenden la fenomenología del dictamen pericial y la relación entre estas categorías. En un segundo momento se intenta establecer la correspondencia entre la doctrina relativa al dictamen pericial criminalístico y el comportamiento de las leyes del Derecho procesal. Lo más relevante de estas acciones es que se logra homogenizar grandemente la doctrina existente al respecto del dictamen pericial criminalístico y se enarbola el valor jurídico y procesal del dictamen pericial, así como su relevancia en el proceso penal.

- *La finalidad del dictamen pericial criminalísitico*: Este fue el tercer problema que se intentó resolver o ajustar durante el neopositivismo; pues al intentarse examinar el método de las ciencias para jusificar precisamente su carácter científico se inicia consecuentemente una revisión de las finalidades de los distintos medios de prueba en el proceso penal, y hasta del propio proceso penal. Aquí el dictamen pericial no solo es verificado por su valor procesal sino que también se le atribuyen finalidades sociales que van más allá de la resolución de una duda de hecho y su rol de simple medio de prueba. Esto quiere decir que es en este periodo en el que al dictamen pericial se le reconoce su relevancia sociológica. Dicha relevancia fue resaltada aún más por la teoría del funcionalismo que intentó interpretarla, explicarla y justificarla, ya desde los propios fundamentos jurídicos, metaprocesales y hasta metajurídicos del dictamen pericial. También mediante esta teoría (funcionalismo) se fue explicando el dictamen pericial como un elemento-parte de esa unidad que es el proceso penal y su rol o contribución a la lógica del proceso penal, éste último entendido en tanto conjuntos de actos que se suceden en el tiempo y tendientes a fines comunes.

Con la teoría del *interaccionismo simbólico* no solamente se sigue resaltando los fundamentos y rol sociológico del dictamen pericial, sino que también se examina el papel activo que puede tener la actividad pericial descrita en todo dictamen criminalístico al interactuar el perito con la sociedad y el medio ambiente. Aquí lo relevante para el desarrollo de la doctrina actual sobre el dictamen pericial es el reconocimiento de que su elemento humano no está separado de la sociedad y, consecuentemente, es un ser bio-psicosocial que puede estar influenciado por todo el acervo sociocultural que le asiste durante su vida y formación de su personalidad; así como que puede, a su vez, influir en su medio circundante. Esto quiere decir que se comprende de una vez que todo dictamen pericial refleja de alguna manera la personalidad y culturalidad del elemento humano que lo compone y, al mismo tiempo, puede influir en el medio social y cultural circundante. Es así que se retoman formulas legislativas para prever el vicio[19] y la corrupción en los dictámenes periciales, en tanto medios de prueba en los procesos penales.

Otro aspecto que rige la actualidad de la doctrina objeto de nuestro estudio es la versatilidad del dictamen pericial y su redimensionalidad. Dicha versatilidad está dada por el hecho de que si bien en un momento histórico dado se ha concebido al dictamen pericial útil exclusivamente a los fines penales (esclarecimiento de delitos), ahora se

---

[19] Cuando nos referimos a vicio en el dictamen pericial estamos aludiendo a los casos en los que el perito se ve influenciado por perjuicios raciales, religiosos, sexuales, políticos, económicos o de otras índoles a la hora de plasmar sus conclusiones en el dictamen pericial y, consecuentemente, puede quebrantar la objetividad e imparcialidad del mismo.

entiende que puede ser útil a otros fines no puramente criminalísticos. Por eso cada día más se amplia su objeto de estudio y alcance conceptual. Al mismo tiempo que esto ocurre aparece todo un abanico de tipologías y especialidades de dictámenes que van de la mano de los adelantos tecnológicos en los últimos tiempos. Ello es lo que hemos dado a llamar redimensionalidad del dictamen pericial. Así, de esta manera, resulta difícil vaticinar el futuro de esta doctrina forense, pero podemos seguramente afirmar que la dirección va encaminada hacia una creciente redimensionalidad y versatilidad.

4. Función y finalidades.

En la doctrina forense también suele confundirse la función del dictamen pericial con sus finalidades. Es por estas razones que en esta obra dedicaremos un epígrafe a este tema.

La función fundamental del dictamen pericial es contribuir al esclarecimiento de los hechos mediante el aporte de elementos de pruebas al proceso penal y el desarrollo de todo un análisis científico respecto a las circunstancias en las que el hecho delictivo aconteció y sus posibles consecuencias. En cambio, la finalidad del dictamen es servir como fundamento jurídico de la acción penal y, especialmente, resolver toda duda procesal de hecho existente respecto al objeto del proceso.[20]

Ahora bien, no debe confundirse tampoco la función y finalidad del dictamen pericial con la función y finalidad del informe pericial; pues el informe tiene como función enriquecer y contribuir al debate de las partes sobre los elementos de pruebas introducidos por los distintos medios probatorios establecidos en la ley; así como permitir la inmediación judicial en la valoración de los elementos aportados por el dictamen pericial en las

---

[20] No siempre esta fue la finalidad del dictamen pericial ya que durante determinados sistemas procesales como el inquisitivo, por ejemplo, los médicos de prisiones debían dictaminar el cadáver correspondiente cuando se produjese la muerte del prisionero. La finalidad aquí era simplemente aceverar la muerte real para cerrar el proceso penal, si procedía, y garantizar de que el prisionero no haya bebido brebajes para simular la muerte y escapar de la posible condena. De esta manera, si se comprobaba posteriormente de que realmente el reo había simulado su muerte y escapado el médico que dictaminó su muerte debía ocupar su lugar. Es por ello que frecuentemente los médicos punzonaban al supuesto cadáver del prisionero para garantizar la fidelidad de su dictamen de defunción.

fases precedentes al juicio oral. En cambio, su finalidad, además de eliminar las dudas de hecho existentes, será contribuir a la formación de la convicción judicial y la fundamentación de su fallo pronunciado en la sentencia.

5. Términología, Conceptos y definiciones asociadas al dictamen pericial.

Entablar un estudio acertado sobre el dictamen pericial criminalístico implica, en primer lugar, un conocimiento, al menos básico, de la terminología correspondiente a esta materia. Esta idea se fundamenta en que muchas veces, debido a ese desconocimiento antes anunciado, los operadores del Derecho y las ciencias forenses en general utilizan indistintamente los términos y definiciones creando confusiones en el tratamiento práctico del dictamen pericial y desvirtuando, consecuentemente, su verdadero sentido procesal y forense. Otra de las consecuencias de un mal dominio y comprensión de las terminologías referentes al dictamen pericial se expresa en la imposibilidad de explicar la concatenación entre las categorías propias del proceso penal y las propias ciencias forenses. Por estas razones, conforme a los objetivos propedéuticos de esta obra, abordaremos algunos de los términos y categorías relativas al dictamen pericial a saber: *perito, pericia* y *peritaje, informe pericial, objeto del dictamen pericial.*

5.1. El perito.

El término "perito" proviene del vocablo latino "peritus" que significa *persona experimentada y hábil.*[21] En su sentido más básico se concibe al perito como aquella persona experta en un tema, habilidad o técnica que goza de gran credibilidad popular y judicial en cuanto a los dictámenes que realiza respecto a determinados fenómenos que se someten a su consideración. Esta concepción ubica al perito, sea cual sea su experticia, en un lugar encumbrado dentro de un campo de conocimiento específico. Al parecer, esta es la línea conceptual que ha seguido la doctrina forense y jurídica en su intento de definir la categoría "perito". Este es el sentido en el que el "Diccionario de la Real

[21] WOODROW, ALAIN: *"Diary of an insider"* publicado en *The Tablet: the Catholic weekly journal.* Vatican Council. 26 October 2002. *Obtenible en http://www.thetablet.co.uk/about. Consultado el 13 de marzo de 2017 a las 21:22pm*

Academia de la Lengua Española" lo conceptúa al definirlo como la *persona experta o entendida en algo*.[22] Aunque al análisis del perito dedicaremos una buena parte del tercer capítulo de esta obra resulta loable destacar aquí que éste es el elemento personal del dictamen pericial y doctrinalmente se concibe como una categoría esencial de todo dictamen. Eso se debe, entre otras razones, a que el intelecto del perito es esencial para que un dictamen sea considerado como tal y se le otorgue fé pública (reconocimeinto por las instituciones estatales) y valor jurídico-procesal.

5.2. Pericia y peritaje.

Otros de los términos que desatan gran confusión son *pericia* y *peritaje*. Lo primero que debemos tener muy presente es que aunque entre ambos términos existen determinadas relaciones filosóficas y hermenéuticas, también existen básicas diferencias a saber:

---

[22] Diccionario de la Real Academia de la Lengua Española. Obtenible en http://dle.rae.es/?id=SeV3YO8. Consultado el 15 de marzo de 2017 a las 18:09hrs.

- La *pericia* se refiere a una acto mientras que *peritaje* se refiere a un estado terminado de una o varias acciones de pericias. Esto quiere decir que la *pericia* es el acto en cual el perito desarrolla una acción y, por otro lado, el peritaje será el estado conclusivo de varias pericias. De aquí se comprende que un peritaje está compuesto por varios actos de pericia. Cuando se habla de peritaje se hace referencia, entonces, al conjunto de pericias que realiza el perito y; por consiguiente, el concepto de *peritaje* desborda y engloba al de *pericia*.

La relación entre pericia y peritaje está dada por la relatividad de varios conceptos. Esto quiere decir que sin pericia no hay peritaje y viceversa. El peritaje es concebido funcionalmente como un proceso en el que el perito desarrolla actos (pericias) que se suceden en el tiempo con un orden lógico y una finalidad mediata. Por lo que sin pericias y perito resulta imposible realizar un peritaje. De igual manera, toda pericia o acto pericial, independientemente de su finalidad específica, debe tributar a un fin común que es donde toma lógica y fundamento el peritaje. Lo que interesa fundamentalmente a las autoridades judiciales es el peritaje y las conclusiones del mismo respecto al logro o no de los fines por los que fue convocado. En este sentido, para las partes procesales y el tribunal no tienen aparentemente relevancia los actos periciales o pericias. No obstante, reiteramos que esa irrelevancia es aparente porque la misma ley establece dos principios básicos para la apreciación y valoración del dictamen pericial en el proceso penal. El primero de estos principios es que las pericias sean realizadas conforme a la legalidad establecida. Por su parte, el segundo de estos principios establece que cada pericia se desarrolle con total fidelidad a las leyes y principios de la ciencia que profesa para evitar márgenes de duda sobre los resultados obtenidos y, así, pueda cada acto pericial realizar su función y finalidad. De esta manera, cuando un acto pericial o pericia se desarrolla mediante el quebranto de una disposición legal o inrrumpiendo contra la propia lógica de la ciencia que le sirve de fundamento las partes procesales pueden impugnar dicho dictamen y anular su valor jurídico por la incertidumbre lógica y jurídica que puede generar. Ante esta situación el tribunal no tendría más opción que despreciar dicho dictamen. Otras veces es el tribunal quien puede percibir estas cuestiones y pronunciarse al respecto. Aunque este tema también lo abordaremos más detalladamente en nuestro tercer capítulo, resulta loable traerlo a colación aquí para explicar mejor la diferencia y relatividad entre *pericia* y *peritaje*; así como las posibles consecuencias del uso y entendimiento inadecuado de dichos términos.

5.3. Informe pericial.

El informe pericial, como se infiere de su nominación, es una exposición oral sobre las conclusiones del dictamen pericial, sus fundamentos y las circunstancias en las que el mismo fue realizado. La trascendencia del informe pericial es básicamente jurídico-procesal porque el dictamen ya encierra propiamente la esencia de la información necesaria requerida en el proceso penal. La diferencia está, tal y como analizaremos más detalladamente en esta obra, en que el dictamen pericial se introduce al proceso penal mediante la escritura como formalidad y el informe pericial, por su parte, mediante la oralidad.

Otra de las diferencias es que en el dictamen pericial se introduce al proceso penal durante las etapas preliminares al juicio oral, mientras que el informe pericial se lleva a cabo durante el propio juicio oral. Esto conlleva a que el dictamen pericial forme parte del fundamento de la acusación formal y el informe pericial sirva de fundamento a la motivación de la sentencia judicial.[23]

Con todo lo anteriormente expuesto queremos expresar la importancia del uso adecuado del término informe pericial para evitar su confusión con dictamen pericial y cometer errores conceptuales que pueden trascender a la eficacia del proceso penal, su estudio y comprensión.

---

[23] Ello no quiere decir que durante el juicio oral no se tome en cuenta lo plasmado en el dictamen pericial, pues en algunas legislaciones procesales si las partes lo solicitan y están de acuerdo el tribunal puede acceder excepcionalmente por determinadas razones previstas en la propia ley a tomar el dictamen directamente y explotarlo como medio de prueba durante el juicio oral. No obstante, reiteramos que ello ocurre solamente bajo determinadas situaciones excepcionales previstas en la ley.

5.4. El objeto del dictamen pericial.

Otro término que causa gran confusión en la doctrina procesal y forense es el de *objeto del dictamen pericial criminalístico*. Una parte bien significativa del gremio jurídico-procesal concibe el objeto del dictamen pericial desde dos vertientes: una funcional y otra descriptiva o material.

Desde su percepción funcional se comprende que el objeto sería la actividad pericial misma determinada por sus funciones particulares; o sea, la función misma del peritaje. Por ejemplo, el dictamen pericial odorológico tendría por objeto, conforme a esta perspectiva, el proceso de levantamiento de las huellas de olor en el lugar del suceso y su posterior comparación con las muestras de olor tomadas al sospechoso. Aquí no debería confundirse la función de la actividad pericial con la finalidad misma porque el fin sería comprobar la presencia del sujeto en el lugar del suceso en el momento de la ocurrencia del delito y la función es el proceso de levantamiento de las huellas olorosas y su cotejo con las muestras de olor tomadas a los sospechosos. Así, suscesivamente, cada especialidad o técnica criminalística describe funciones y finalidades específicas en el ámbito forense.

En cambio, la concepción del objeto del dictamen pericial desde una perspectiva descriptiva refiere que éste no es más que aquello sobre lo que recae la actividad pericial. En tal sentido, el objeto del dictamen pericial sería la descripción de la realización del proceso de peritaje y la conclusión a la que ha arribado el perito. Al parecer esta es la idea más aplaudida por los especialistas debido a que, ciertamente, la tendencia es plasmar en los dictámenes una descripción de todo el proceso de peritaje y el enunciamiento de las conclusiones o resultados finales del mismo.

Ahora bien, se debe tener muy presente que no es lo mismo el objeto del dictamen pericial y el objeto de la actividad pericial o peritaje, pues mientras que en el dictamen pericial el objeto es la descripción de la actividad pericial y las conclusiones de la misma, en la actividad pericial el objeto serán las distintas fuentes de pruebas de las cuales se obtendrán posteriormente elementos de pruebas. Así, en el dictamen pericial y en el peritaje el fenómeno del objeto se categoriza de maneras y acepciones diferentes.

6. Pre-requisitos metajurídicos del dictamen pericial criminalístico.

El dictamen pericial para ser considerado como tal y surtir todos los efectos jurídicos y legales pretendidos debe cumplir con una serie de requisitos. Estos requisitos pueden ser divididos en dos grupos a saber: jurídico-legales y metajurídicos.

Los pre-requisitos metajurídicos son considerados como tal (metajurídicos) por el simple hecho de que se encuentran fuera del fenómeno jurídico y se expresan o manifiestan independientemente de la existencia o no de una ley o situaciones de poder, derechos y obligaciones entre los sujetos que intervienen en el proceso penal. No obstante, estos pre-requisitos se conciben como antecedentes a la esfera jurídica, y por ello utilizamos el prefijo –pre– ya que se establecen como condiciones funcionales y de obligatoria observancia para que el dictamen pericial y el peritaje mismo pueda entrar en la esfera jurídico-procesal. Con ello queremos significar que sin la existencia de estos pre-requisitos que enunciaremos a continuación no puede otorgársele valor jurídico alguno al dictamen pericial y, consecuentemente, no puede ser efectivo a los fines del proceso penal. Una parte bastante significativa del gremio forense y jurídico considera que los pre-requisitos metajurídicos del dictamen pericial determinan exclusivamente la existencia del dictamen (independientemente de su valor jurídico) y de ahí su carácter metajurídico. Al respecto discrepamos en lo referente al carácter de esencialidad que se le otorga a estos pre-requisitos. Fundamentamos nuestro criterio en que los pre-requisitos metajurídicos del dictamen pericial realmente determinan el valor funcional de todo dictamen y es precisamente ese valor de utilidad el que toma en cuenta el Derecho para otorgarles valor jurídico. Por consiguiente, la ausencia de algunos de estos requisitos no significa necesariamente la inexistencia de un dictamen pericial sino, más bien, determinan el grado de valor jurídico de dicho dictamen y de fe pública que el Estado les otorga.

Ahora bien, los tres pre-requisitos metajurídicos fundamentales del dictamen pericial criminalístico a saber son:

- posibilidad.
- verosimilitud.
- necesidad.

6.1. posibilidad.

La posibilidad, en tanto pre-requisito metajurídico del dictamen pericial, se define como la real circunstancia u ocasión de que el dictamen pericial pueda realizarse. De esta manera se comprende básicamente que el peritaje y el propio dictamen pericial deben fundamentarse en un objeto posible.

Desde otra perspectiva se comprenden también otros dos tipos de posibilidades: la intelectual y la material. Desde estas acepciones se define la posibilidad, en tanto pre-requisito metajurídico, como la capacidad material e intelectual mínimas necesarias para poder realizar el peritaje correspondiente y arribar a conclusiones ciertas sobre el tema a peritar. Así, se requiere que existan condiciones materiales para que el experto pueda realizar su peritaje adecuadamente y, al mismo tiempo, se requiere que éste (el perito) posea la experiencia y experticia imprescindibles para dictaminar acertadamente sobre el fenómeno que se ha puesto a su consideración.

6.2. Verosimilitud.

Por su parte, la verosimilitud es uno de los pre-requisitos metajurídicos del dictamen pericial que más controversia desatan en los foros académicos. Por verosimilitud debemos entender aquel grado de credibilidad que genera el dictamen pericial en aquellas personas expectantes. No se trata de la Fe pública que otorga el Estado al dictamen pericial y que consecuentemente influye en sus efectos y fuerza jurídica y legal, sino en la confianza que el público expectante y el propio tribunal y restantes sujetos procesales confieren a dicho dictamen. Por tanto, habrá verosimilitud siempre que el dictamen genere confianza y credibilidad en sus destinatarios. De aquí se infiere que la verosimilitud está directamente relacionada con la fundamentación y justificación del dictamen pericial; pues si la pericia no despierta esa credibilidad necesaria no será surtida de efectos jurídicos. Entonces, se impone un pregunta de obligatoria referencia: quién es el sujeto destinatario de dicha verosimilitud? Pues bien, si analizamos la verosimilitud en tanto pre-requisito metajurídico tendríamos que señalar al Estado como dicho sujeto. Ello se debe a que el Estado es el único ente que tiene entre sus rasgos la facultad de crear Derecho por medio de su ordenamiento jurídico y, consecuentemente, otorgar los efectos jurídicos a los actos que estime convenientes conforme a su esencia clasista. [24] De esta manera sólo el Estado puede valorar la verosimilitud del dictamen pericial como pre-requisito metajurídico e incorporarlo a la esfera jurídico procesal. Por otro lado, si valoramos el sujeto destinatario de dicha verosimilitud una vez incorporado el dictamen pericial a la esfera jurídica-procesal con todos los efectos pertinentes tendríamos que definir en un primer momento como tal al fiscal (acusador). Ello se debe a que es el fiscal quien debe apreciar y valorar la pertinencia de dicho dictamen como medio de prueba para

---

[24] *Vid*: FERNÁNDEZ BULTÉ, JULIO: *Teoría del Estado y el Derecho, (Teoría del Estado)* Editorial Félix Varela, La Habana, 2001. P.47-62.

fundamentar la acusación. Para apreciar dicha pertinencia debe realizar, entre otros procesos subjetivos, un juicio de credibilidad de la pericia requerida para determinar si mediante ésta podría esclarecer aquellos aspectos fácticos y jurídicos aún dudosos o no demostrados en el caso concreto. Sólo cuando el fiscal ha admitido el peritaje como parte de las acciones para fundamentar el pliego acusatorio se introduce el dictamen pericial al proceso penal durante sus fases preliminares. En un segundo momento (fase intermedia y posteriormente durante el juicio oral) sería sujeto destinatario de la acreditación de dicha verosimilitud del dictamen pericial el órgano juzgador. Debemos tener en cuenta de que éste debe valorar los medios de pruebas para determinar qué elementos de prueba asumirá posteriormente durante la fundamentación de su sentencia y mediante la figura del juez de instrucción puede, en algunos ordenamientos jurídicos, determinar o no la admisión de un peritaje determinado al proceso penal. Todo ello en dependencia de la libertad o límites que le imponga la propia ley.

6.3. Necesidad.

Por último, queremos hacer referencia a la necesidad como pre-requisito metajurídico. La necesidad se define básicamente como la sensación de carencia de una cosa, pero a los efectos de nuestro tema objeto de estudio dicho término trasciende como el requerimiento real del dictamen pericial. Es decir, el dictamen pericial criminalístico es necesario cuando solamente mediante éste se puede conocer la verdad del hecho y no por otra vía. Además, porque se requiere de un experto que no es el juez ni las partes para interpretar las circunstancias del hecho delictivo y aportar elementos probatorios convincentes para facilitar la valoración de los hechos en el proceso penal. De esta manera, el fundamento jurídico de todo dictamen pericial se asenta también en la necesidad de que el Estado le confiera los efectos jurídicos correspondientes para que su utilidad sea aprovechada en el proceso penal y en otras esferas de la vida social.

7. Requisitos jurídicos del dictamen pericial criminalístico.

Una vez que el dictamen pericial cumple con los pre-requisitos metajurídicos analizados en el epígrafe anterior es introducido en la esfera jurídica gozando de todo el reconocimiento público que le concede el Estado y surtiendo los efectos jurídicos-legales correspondientes. A partir de ese momento el dictamen pericial puede ser aplicado a varias esferas del Derecho como la civil, laboral, administrativa, etc; pero en el ámbito jurídico-penal y criminalístico se requiere que cumpla además con otros requisitos esenciales como son: *Relevancia, legalidad, objetividad, profesionalidad, claridad, formalidad y puntualidad.*

7.1. Relevancia.

La relevancia se comprende básicamente como la importancia o significación que destaca de algo.[25] En el caso del dictamen pericial criminalístico su relevancia está dada por el grado de posibilidad de

---

[25] *Vid*: Diccionario de la Real academia d ela Lengua Española.

que el juez forme su convicción judicial a partir de dicho dictamen presentado y no de otro. Esta idea no excluye el hecho de que en un mismo proceso penal se acepten varios dictámenes periciales como medios de prueba; pues de hecho, esto suele ocurrir y permite la complementación de unos con otros y una mayor certeza en el arbitrio judicial. Lo que queremos significar con estas ideas es que no basta con que el dictamen pericial criminalístico sea necesario sino que también debe ser relevante a los efectos del proceso penal. Además, debemos tener en cuenta de que el juez debe apreciar y valorar los medios de pruebas de acuerdo a su relevancia en la resolución del caso. Dicha relevancia va estar expresada en el grado de certeza que proporcionen los resultados del medio de prueba practicado en lo que respecta al hecho objeto del proceso que se intenta probar y se declarará como tal en la sentencia judicial. Así la relevancia del dictamen pericial criminalístico deviene en un requisito esencial para que el dictamen sea introducido en el proceso penal en sus etapas preliminares[26]; pero en

---

[26] Esto se debe a que el fiscal solamente apreciará el peritaje y el dictamen pericial si resultan relevantes para fundamentar la acusación. Entonces , en esta fase preparatoria del juicio oral la relevancia sí es un requisito. No obstante, durante el

la etapa de juicio oral la relevancia queda sujeta a la subjetividad del juez y la importancia que este le conceda durante el proceso de valoración del dictamen correspondiente.

7.2. legalidad.

La legalidad, en tanto requisito del dictamen pericial criminalístico, se comprende como el respeto y observancia incondicional a la ley durante todas las fases del desarrollo de dicho dictamen. Esto significa que tanto el peritaje como la redacción y formalidad con la que se comunica el dictamen pericial (documento que contiene el dictamen) no pueden haberse realizado vulnerando la ley porque podrían ser impugnados por las partes procesales y declarados nulos por el propio tribunal.

7.3. Objetividad.

El dictamen pericial, además, debe ser objetivo; es decir, que debe resolver una situación concreta. La

---

juicio oral el dictamen pericial como medio de prueba será relevante si el juez asume los elementos de pruebas introducidos por el dictamen como pruebas en la motivacion de la sentencia.

objetividad se expresa desde el momento que la necesidad y la relevancia del dictamen pericial criminalístico se plantean. Ello es lo que ha dado a lugar a que en la doctrina se comprenda dicha objetividad desde dos perspectivas: una subjetiva y otra materialista.[27] La perspectiva materialista se define como aquella en la que la objetividad del dictamen criminalístico viene dada por su capacidad de resolver un problema concreto que ha sido planteado para la resolución de un episodio criminal en circunstancias reales concretas. Esto significa que son esas circunstancias concretas del hecho las que determinan la complejidad del mismo y, a su vez, determinan la objetividad del dictamen pericial al punto de considerarse que si el hecho puede ser explicado y comprendido de manera sencilla no se requeriría de dictamen alguno, pues no sería objetivo. En cambio, la perspectiva subjetiva se define como la relevancia del dictamen pericial criminalístico en la resolución del caso concreto. De esta manera, conforme a la perspectiva subjetivista, el dictamen pericial no es objetivo por el simple hecho de ser necesario sino porque una vez

---

[27] La perspectiva materialista encuentra su antecedente filosófico en la "necesidad"como pre-requisito metajurídico del dictamen pericial criminalístico

incluido en el proceso penal fue relevante y asumido por el juez en la fundamentación de la sentencia. Entonces, conforme a esta perspectiva subjetivista, serían objetivos aquellos dictámenes cuyos resultados hayan sido asumidos finalmente por parte del juez como verdaderas pruebas, considerándose "no objetivos" aquellos dictámenes que, aun cuando fueran practicados como medios de pruebas en el juicio oral hayan sido desestimados por el juez para fundamentar su fallo. De estas ideas se infiere que la perspectiva materialista se enfoca más en la utilidad del dictamen pericial criminalístico, mientras que la perspectiva subjetivista enfatiza más en la relevancia del mismo para el fallo judicial.

Debemos destacar que ambas perspectivas no son antagónicas, pues un buen dictamen pericial siempre será útil y relevante al mismo tiempo, independientemente de la perspectiva con la que se mire.

7.4. Profesionalidad.

Todo dictamen pericial lleva intrínseco la profesionalidad de quien lo ejecuta. Aquí no se debe confundir la profesionalidad con la experticia, pues esta última se comprende como la sabiduría y experiencia que tiene una persona en un campo determinado o sobre una materia específica. En cambio, la profesionalidad se comprende como el reconocimiento oficial que el Estado le confiere a dicha experticia. Así, a modo de ejemplo, una persona puede tener muchos conocimientos de Derecho y de leyes, pero ello no significa que sea abogado. Para ser abogado se debe estar titulado por una institución que goce de reconocimiento estatal. Lo mismo sucede con los peritos. Entonces, la experticia del sujeto antecede a la profesionalidad porque solo podría considerarse oficialmente a un sujeto como profesional si ha sido reconocido como tal por el Estado y dicho reconocimiento será posible si se ha evidenciado el conocimiento requerido y la experticia necesaria. En el caso del dictamen pericial criminalístico se requiere, por estas razones antes expuestas, que el perito sea una persona titulada en su especialidad.

Ahora bien, la profesionalidad es tratada desde muchas acepciones. Para algunos se identifica dicho término con el correcto comportamiento ético de las personas en el ejercicio de sus funciones laborales. Es por ello que a veces se dice que una persona que cumple cabalmente con un código de ética correspondiente a su especialidad es un buen profesional. Para otros, sin embargo, se identifica la profesionalidad con la calidad instructiva y nivel de conocimiento que alcanza un especialista en su campo. De esta manera, conforme a esta última acepción, un sujeto será más profesional que otro si evidencia mayor agudeza curricular. Así suscesivamente pueden aparecer distintas acepciones sobre la profesionalidad. No obstante, consideramos que la profesionalidad que exige esencialmente el Estado como requisito jurídico y legal del dictamen pericial criminalístico es el que abordamos en un primer momento en este epígrafe: aquella referida a un reconocimiento estatal expresado en una titulación. Aunque esta es la acepción esencial que sirve de termómetro para este requisito que es la profesionalidad, debemos destacar que realmente los distintos cuerpos legislativos que regulan el tema criminalístico suelen combinar estas y otras acepciones para garantizar que la naturaleza filosófica y jurídica del dictamen pericial no sea viciada por causa de un quebrantamiento en la integridad ética del perito.[28]

7.5. Claridad.

Todo dictamen pericial criminalístico debe ser entendible. Aquí no se trata de la simple legibilidad de la impresión o la caligrafía sino de la facilidad de aprehensión de las ideas centrales por parte de aquellas personas a las que vaya dirigido. Por eso se requiere que sea redactado de manera simple exponiendo ideas objetivas, con la menor cantidad posible de tecnicismos y con una semántica lógica y esclarecedora.

Se considera que la redacción del dictamen es simple cuando las ideas se expresan por medio de palabras sencillas (no rebuscadas) y estableciendo

---

[28] Un ejemplo de dicho quebrantamiento ético puede ser el caso en el que el perito se parcializa por una de las partes procesales y decide alterar los resultados o sus conclusiones en *pro* de dicha parte; aún sabiendo que los resultados o conclusiones que ha presentado al juez son erróneos o falsos.

una básica estructura gramatical de las oraciones y resultando de fácil entendimiento para todos los destinatarios. Por su parte, las ideas serán objetivas en cuanto sean centradas en el objeto y objetivo del dictamen pericial y no divaguen en cuestiones ajenas a ellos. Cuando un dictamen no es objetivo el receptor del mismo no logrará captar su mensaje esencial y, lejos de ganar certeza sobre el objeto del dictamen, culminará con más dudas que antes de iniciar su lectura. En muchos casos la incredulidad sobre los resultados del dictamen serán manifiestos precisamente por su falta de comprensión.

Los tecnicismos son otra forma de obstaculizar la comprensión del dictamen pericial criminalístico. Ello suele suceder cuando se emplean más palabras técnicas que las necesarias para describir el desarrollo de la actividad pericial. Muchas veces resulta inevitable usar determinados términos técnicos propios de la especialidad en la que verse ese dictamen criminalístico; pero si se redacta el dictamen con mucho tacto se podrá sustituir una buena parte de esos tecnicismos innecesarios por vocablos y términos que, a fin de cuentas, expresen la misma idea que se pretende mediante una terminología especializada y compleja. Aquí debemos tener en cuenta de que los especialistas que solicitan la práctica del dictamen pericial lo requieren precisamente porque no son doctos en el campo que el perito dictaminará y por ello se requiere que la comunicabilidad de ese dictamen sea en términos sencillos y de fácil comprensión para ellos.

Ahora bien, la semántica lógica del dictamen pericial se entiende como la secuencia lógica y ordenada de las ideas, de manera que cada idea apoye a la siguiente y no constituyan una contradición. Esa armonía entre las ideas que se expresan en el dictamen criminalístico es lo que permite interpretar adecuadamente las conclusiones del perito o experto de manera directa. Para lograr dicha armonía se recomienda que la semántica gramatical sea simple y directa. Un ejemplo es usar pocos gerundios y subordinadas adjetivas; así como evitar el exceso de adjetivos, participios, complementos circunstanciales y la enumeración de elementos análogos.

De todo lo planteado en este epígrafe se comprende que la claridad del dictamen pericial criminalístico es determinada requisito jurídico encuanto tributa a un mejor escenario para que el debate penal fluya entre las partes en el proceso penal y el juzgador pueda formarse una convicción judicial sobre la base de la certeza acreditada por los resultados de los medios de pruebas practicados.

7.6. Formalidad.

La formalidad es la manera o modo en que se introduce el dictamen pericial al proceso penal. En todos los ordenamientos jurídicos los cuerpos legales siempre establecen las formalidades y solemnidades necesarias para la ejecución de actos procesales. Así, se convierte la formalidad en un requisito jurídico y el dictamen pericial criminalístico no escapa de ello. Con estas palabras no queremos significar que el dictamen criminalístico sea un acto procesal o una formalidad propiamente dicha en el proceso penal, sino que su tratamiento procesal obedece a un sistema de actos regidos por formalidades y específicas exigencias legales. Es por ello que cuando hablamos de la formalidad como requisito jurídico del dictamen pericial debemos distinguir entre la formalidad de los actos mediante los cuales se introduce, se debate y valora el dictamen criminalístico en el proceso penal y el dictamen criminalístico como medio de prueba propiamente dicho. En tal sentido, la doctrina es bastante homogénea al considerar la escritura como la formalidad esencial del dictamen criminalístico. En ocasiones se permiten grabaciones en las que el perito explica y muestra, además, cómo desarrolló toda la actividad pericial y argumenta las conclusiones a las que ha llegado. Esta práctica ha ido sustituyendo en muchos países a la escritura como formalidad del dictamen pericial. Un ejemplo son los dictámenes odorológicos, pues en algunos países del este de Europa como Polonia, Ucrania y Hungría se prefiere esta modalidad.

A diferencia del dictamen pericial el informe pericial está regido por la oralidad dado el momento procesal en el que se desarrolla (juicio oral). Esta diferencia es bien importante a los efectos de la formalidad jurídica de los actos procesales y los propios medios de prueba en el proceso penal. Esta diferencia es sin duda alguna una de las distinciones más antonomásticas entre el dictamen pericial y el informe pericial, lo cual estudiaremos en los siguientes capítulos de esta obra. Lo importante aquí es tener muy en cuenta de que la formalidad es un requisito jurídico del dictamen pericial y que solo existen dos formas conocidas hasta el momento: escritura y oralidad. La mayoría de los ordenamientos latinoamericanos admiten la escritura como forma por excelencia de los dictámenes criminalístico, aunque existen excepciones.

7.7. Puntualidad

Otro requisito de gran relevancia es la puntualidad, la cual está muy relacionada al principio de preclusión procesal. Conforme a la preclusión, todos los actos procesales deben practicarse en el momento que indica la ley y durante el periodo que ésta determina. Así, cuando un acto procesal no es practicado en el momento procesal oportuno puede quedar sin efectos jurídicos y no trascender a los fines procesales para los que fue concebido. Es por ello que la propia ley fija los momentos en que se deben introducir los medios de prueba en el proceso penal y el momento de su práctica. Un ejemplo de este principio es lo referente a la prescripción de las acciones penales. La *puntualidad*, por su parte, se comprende como la presentación en tiempo de los elementos y sujetos que intervienen en el proceso penal una vez que ha sido fijado el término correspondiente por la ley o las autoridades judiciales conforme al ya mencionado principio de preclusión. Aquí debemos tener en cuenta que las leyes procesales penales suelen fijar un momento exacto para que el acusador (generalmente el fiscal) concluya toda la fase preparatoria y presente la acusación formal ante el tribunal correspondiente. Entonces, es en ese enramado de actos que componen las fases preliminares del proceso penal que la actividad pericial es organizada de manera que su ejecución y la presentación de sus resultados coincidan con el término fijado por el fiscal y, a su vez, con los requerimientos de la ley y el tribunal. Es por ello que se exige siempre que el dictamen criminalístico sea puntual para poder estar en sintonía con la preclusión procesal y la *celeridad*[29] necesaria en todo proceso.

8. Estructura del dictamen pericial.

Por estructura del dictamen pericial se comprende el *modo en que se organizan u ordenan las temáticas y partes del dictamen criminalístico y la relación que mantienen entre sí dichas partes y con las temáticas específicas que abordan tributando a una temática general.*

En la doctrina forense más convencional se comprende la estructura del dictamen pericial desde tres concepciones: una *funcional*, otra *objetiva* o física y una *ecléctica*. El partidismo doctrinal respecto a estas concepciones antes mencionadas se deriva precisamente de la propia heterogeneidad de pensamientos existente respecto a las

---

[29] Se entiende por celeridad aquel principio que establece que el proceso penal debe realizarse en el menor tiempo posible evitando dilataciones innecesarias. Aunque este principio encuentra su expresión antonomástica en la fase de juicio oral no deja de ser relevante en las fases preliminares del mismo. Este principio constituye, además, un fundamento doctrinal o razón filosófica de los principios de preclusión y puntualidad; los cuales le sirven al mismo tiempo de presupuesto procesal.

concepciones y definiciones del dictamen pericial. Es decir, en dependencia de cómo se conciba el dictamen pericial criminalístico (concepción objetiva, subjetiva o ecléctica) será la postura tomada respecto a las distintas concepciones sobre la estructura del mismo.

Conforme a la perspectiva funcional [si partimos de la idea de que el dictamen criminalístico se define como la respuesta científicamente fundamentada (conclusiones periciales) de un asunto puesto a consideración de un experto en una temática específica ante una circunstancia concreta (hecho que reviste los caracteres de delito)] el dictamen se dividiría en dos partes a saber: por un lado, el análisis de las circunstancias en las que ha ocurrido el hecho que reviste los caracteres de delito y sus secuelas (peritaje criminalístico) y, por otro lado, las conclusiones a las que llega el experto o perito una vez culminado el peritaje. Sin embargo, desde la concepción objetiva o física de la estructura del dictamen criminalístico se entiende que éste se compone de un documento o archivo dividido en varias partes que responden a temáticas específicas dentro de un tema general puesto a consideración del perito.[30] De esta manera es visible en un dictamen pericial distintas partes o fragmentos del mismo introductorios a las conclusiones finales del perito (exodio, preámbulo, análisis pericial, etc.,). No obstante, la doctrina forense y jurídica alcanza mayor homogeneidad en la concepción ecléctica de la estructura del dictamen pericial. Conforme a ésta, no existe razón alguna para establecer un divorcio entre las concepciones objetiva y funcional de la estructura del dictamen criminalístico, pues ambas se concatenan y existen en completa complicidad. Esto quiere decir que ambas concepciones no se excluyen una a la otra, sino que coexisten y se complementan. Así, en la estructura del dictamen pericial existen procesos (peritaje + conclusiones periciales) que quedan plasmados en un formato (generalmente papel) de forma organizada, coherente y comprensible para el destinatario de

---

[30] Debemos tener en cuenta que cuando se habla de estructura física del dictamen pericial criminalístico se hace referencia al formato en el cual se expresan la organización de la actividad pericial, su realización (peritaje) y las conclusiones. Este formato puede ser en diversos soportes (papel, fílmico, sonoro, etc). Lo que dicho formato sí debe ser perceptible por los sentidos humanos que rigen la actividad cognitiva y volitiva de las personas(dígase visión, audición, tacto, etc).

dicho peritaje (este sería el sujeto que ha puesto en consideración del experto el asunto a peritar). La relatividad, consecuentemente, se manifiesta en que la estructura física del dictamen pericial obedece y facilita la funcionalidad del mismo en cuanto cada parte de su estructura física tiene fines específicos que tributan a un fin general que es la explicación y comprensión de las conclusiones periciales por parte del destinatario de dicho dictamen. Es por estas razones que las partes del dictamen pericial criminalístico tienen un orden de complejidad ascendente sin perder el método explicativo y la ilustración como facilitadores de la interpretación y comprensión de dicho dictamen.

A nuestro parecer la concepción ecléctica es la que aborda de manera más coherente el sentido y razón de ser de todo dictamen pericial. Es por ello que en lo adelante la asumimos como patrón rector de este tema durante este epígrafe. Nótese que hasta ahora hemos hecho referencia a las distintas concepciones existentes sobre la estructura del dictamen pericial y no sobre su definición propiamente dicha. No bostante, del análisis de las concepciones antes estudiadas se desprende que la estructura del dictamen pericial no es más que *el modo coherente y armónico en que se organizan las partes del dictamen criminalístico y las relaciones funcionales que se establecen entre ellas, sus finalidades y temáticas específicas respecto también a la finalidad y temática general del dictamen pericial, visto éste último como un todo.*

De estas ideas básicas antes expuestas en este epígrafe se infieren tres tesis o presupuestos esenciales a saber:

Tesis 1: El dictamen pericial criminalístico está compuesto por diferentes elementos o partes.

Tesis 2: Entre estos elementos o partes existe una relación lógica y armónica.

Tesis 3: El dictamen criminalístico es un todo, una unidad que se expresa formalmente mediante un pliego escrito u otro formato perceptible por los sentidos humanos que rigen la actividad cognoscitiva y volitiva.

En lo que respecta al primero de estos presupuestos podemos destacar que el dictamen criminalístico tiene dos formatos: descriptivo y cuestionario. El formato descriptivo se basa en una descripción de la actividad pericial realizada. Tiene entre sus ventajas que es mucho más detallado y en su introducción permite explicarle al juzgador aquellos conceptos necesarios para entender posteriormente las conclusiones del experto y que se pueda desarrollar un debate de calidad entre las partes; así como fundamentar el valor probatorio del dictamen en tanto medio de prueba. Otra ventaja es que permite correlacionar el marco teórico científico con el caso concreto; es decir, aterrizar la teoría al caso práctico de una manera comprensible para el juzgador y las partes procesales. En el formato descriptivo las conclusiones son más detalladas y fundamentadas, lo cual es esencial para la motivación de la sentencia. Por su parte, el cuestionario es un formato en el que se requiere menos horas de trabajo que en el formato descriptivo y es más concreto. Sin embargo, por ser más escueto resulta más subjetivo y no permite el análisis detallado de la actividad pericial realizada. Una buena parte del gremio jurídico prefiere los debates en los que los dictámenes llevan un formato descriptivo porque en los de formato cuestionario se puede evidenciar muchas veces una tendencia o parcialización hacia una de las partes por parte del encuestador y ello pone en riesgo de prejuzgamiento al acusado. Es por estas razones que los sujetos procesales agradecen más un dictamen con evidente imparcialidad y que sea descriptivo. Salvadas estas precisiones teóricas estamos en condiciones de analizar las partes de un dictamen pericial criminalístico.

Las partes del dictamen pericial son:[31]

- *Exordio*: Este expone los datos generales del expediente. También expone los destinatarios de dicho dictamen y la fecha y lugar correspondiente.

- *Introducción o preámbulo*. En esta parte se expone una breve reseña o presentación de los

---

[31] Lo referente a las partes del dictamen pericial que se expondrá a continuación ha sido fundamentado esencialmente en el artículo *Pasos y Partes para realizar un dictamen*. Obtenible en http://dictamenpartes.blogspot.com/. Consultado el 11 de mayo de 2017 a las 12:34hrs.

peritos que ejecutaron y/o participaron en la actividad pericial. También suele explicarse la relación y jerarquía entre estos peritos cuando se trate de varios señalando así los diferentes escalones de mando y la designación del perito principal. En muchos ordenamientos se suele mencionar solamente los datos del perito principal y aquella información que justifica la profesionalidad del mismo en el sentido de requisito jurídico tratado anteriormente en esta obra. Suele formar parte de la introducción la referencia nominal de la Institución, colegio, en la cual se encuentra inscrito el perito o grupo de peritos que realizarán el peritaje. Ej:

Lic: Rodrigo Perez Altamirante reconocido por el consejo de la judicatura del poder judicial del estado de Baja California con formación en la carrera de criminalística por la Universidad de Xochicalco quien tiene su domicilio en Col. Los Alamos, calle Jerez no 12345, en su calidad de perito en materia de documentoscopía con lo cual comparesco responder el siguiente argumento...[32]

---

[32] Ejemplo tomado de *Pasos y Partes para realizar un dictamen*. Obtenible en http://dictamenpartes.blogspot.com/. Consultado el 11 de mayo de 2017 a las 12:34hrs.

- *Objetivo*: Esta parte también es conocida como "Planteamiento del problema". En ella se expone la finalidad que se pretende con ese peritaje. Es decir, todas aquellas cuestiones que el perito debe resolver.

- *Elementos del análisis pericial*: en esta etapa se exponen todos aquellos elementos sobre los que recae la actividad pericial. Es decir, todos aquellos elementos que serán objeto directo de análisis por parte del perito. Ejemplos pueden ser determinados documentos, objetos , billetes, etc.

- *Método utilizado*: En esta etapa se describe el método utilizado durante el peritaje. Pueden ser métodos científicos y empíricos. Lo importante aquí es que el perito demuestre la seriedad metodológica de su actuar y la describa de la manera más detallada posible. El perito debe ser capaz de explicar su metodología e ilustrar si ésta se corresponde con las más avesadas metodologías de la actualidad. También debe ser capaz de explicar si para arribar a sus conclusiones precisó de la ayuda de otros peritos o especialistas en otras materias. En tal sentido debe dejar bien claro la experticia y capacidad jurídica y legal de dichos especialistas para poder asistirle en el peritaje concreto y que sus resultados puedan ser tomados en cuenta por el juez en el proceso penal.

- *Material instrumental*: En este apartado se describen los utensilios o instrumentos utilizados para llevar a cabo el peritaje, así como los diferentes cotejos y verificación de los resultados obtenidos en el peritaje. Aquí no se trata de mostrar simplemente que se han empleado utensilios modernos, sino demostrar que los instrumentos empleados pueden garantizar fiel e indubitadamente el resultado que expondrá el perito en las conclusiones.

- *Técnicas utilizadas*. En esta sección se mencionan y explican las técnicas utilizadas durante la realización del peritaje. Al explicar las técnicas el perito debe exponer cómo las fue aplicando al caso concreto hasta llegar a los resultados. Entre las técnicas utilizadas puede encontrarse, a modo de ejemplo, la *observación directa*.

- *Marco teórico científico* (consideraciones técnicas): En esta parte se exponen los antecedentes del peritaje y todo el soporte doctrinal al respecto, de manera que permita a los destinatarios del dictamen familiarizarse con el tópico tratado desde sus respectivas especialidades. Un ejemplo pueden ser los conceptos y definiciones básicos o presentación de algunos de los instrumentos utilizados durante el peritaje. A veces se suele agregar algunos datos estadísticos sobre casos solucionados por la especialidad criminalística de la que trate el dictamen pericial y de esta manera se demuestra la efectividad y verosimilitud del peritaje correspondiente en la resolución de casos.

- *Consideraciones especiales*: en esta parte se exponen más información sobre el peritaje, como pueden ser informaciones sobre los elementos de pruebas encontrados, las fuentes de prueba examinadas y las circunstancias en las que se llevó a cabo el peritaje. Esta es la parte en la que el perito induce al juez hacia una convicción judicial del medio de prueba. Es por ello que muchos jueces prestan especial atención a las consideraciones especiales del perito. En estudios que he realizado anteriormente un gran porciento de los jueces encuestados y entrevistados manifiestan que esta parte les permite valorar el valor probatorio de peritaje realizado ya que se exponen los elementos en los que se pueden fundamentar la motivación de la sentencia. Mientras que en la parte de las conclusiones se exponen los elementos que les facilitará asumir los elementos de pruebas como verdaderas pruebas.

- *Conclusiones*: En este paso se lleva acabo la resolución y descripción de las respuestas de las incógnitas o planteamiento del problema en relación a la pericial pedida por las partes. Las conclusiones deben ser muy claras y objetivas de manera que el juez pueda comprender el significado de cada una de ellas.

- *Bibliografía*: en esta parte se expone una lista de todas las referencias bibliográficas y textos o materiales consultados para obtener la información necesaria para desarrollar el peritaje.

- *Cierre*: En el cierre se lleva acabo la resolución y descripción de las respuestas de las incógnitas o planteamiento del problema en relación a la pericial pedida por las partes; éstas deben ser claras y directas.

- *Anexos*: En esta última etapa se plasman todas aquellas imágenes que puedan ampliar la información sobre el dictamen para brindar una mayor credibilidad y apreciación.

Una vez analizada la primera de estas premisas referidas a la estructura del dictamen pericial (tesis 1) estamos en condiciones de analizar la segunda tesis que establece que entre estos elementos o partes existe una relación lógica y armónica.

Como bien hemos señalado anteriormente, desde que se inicia la redacción del dictamen pericial en cada parte se va exponiendo elementos que sirven de fundamentación a los propósitos generales de dicho dictamen. Para que esto sea posible se requiere una relación entre cada una de estas partes, de manera que tributen unas a las otras sin que constituyan una contradicción. Esto es bien importante porque dicha contradicción lejos de generar certeza provoca dudas en los destinatarios y esa no es la función del dictamen criminalístico. Esta correlación necesaria entre las partes de un dictamen pericial es lo que ha llevado a los especialistas a centrarse en el estudio de la lógica de la estructura del dictamen. Esta lógica a la que hacemos mención no se fundamenta en el orden o secuencia simple de las partes del dictamen; pues sería una interpretación esquemática, aunque no incorrecta del todo, respecto a un fenómeno más complejo. Cuando hacemos referencia a la lógica de la estructura del dictamen pericial nos referimos al entendimiento razonado de los efectos de la relación entre todas las partes de un dictamen. Con esto queremos decir, en otras palabras, que la lógica de la estructura del dictamen pericial se fundamenta en un conocimiento cierto sobre los efectos que ese orden puede acarrear en la psiquis de sus destinatarios y la esfera jurídica en general y no en un simple orden pre-establecido por pura casualidad. Por estas razones, el romper esa lógica e interrelación entre las partes de un dictamen pericial puede acarrear su fracaso procesal y funcional. Ese fracaso se expresará, en última instancia, en la falta de objetividad del propio dictamen pericial y su rechazo por parte del fiscal o el tribunal quienes no podrán utilizarlo como parte de los fundamentos de sus acusaciones y fallos resolutorios respectivamente. De esta manera, cada parte del dictamen pericial tributa a la que le sigue aportando entendimiento, claridad y conocimiento a quien va destinado. Esa lógica implica que ya al leer las conclusiones el juez o el acusador, si corresponde, estarán familiarizados con el tema, los peritos, las circunstancias en las que se ejecutó el peritaje y todo el background de conocimientos necesarios para entender por qué el perito llega a una conclusión y no a otra.

Ahora bien, a esa correlatividad entre los efectos de una parte del dictamen pericial y la que le sucede es a lo que se le llama "armonía". La armonía de la estructura del dictamen criminalístico es la que permite que cada parte tribute a la que le sucede y todas, a su vez, tributen a las conclusiones finales del experto forense. Algo a tener muy en cuenta es que no debe confundirse La *lógica* de la estructura del dictamen pericial con su *armonía*; pues la primera responde al modo en que se manifiesta la relación entre las partes del dictamen criminalístico (cómo se manifiesta) y la segunda ser efiere a qué es esa relación manifestada (qué es lo manifestado). Es decir, la lógica explica cómo se manifiesta la armonía entre las partes del dictamen pericial.

Por su parte, la tercera tesis sobre la estructura del dictamen pericial establece que el dictamen criminalístico es un todo, una unidad que se expresa formalmente mediante un pliego escrito. Esto significa que al apreciar y valorar el dictamen pericial como medio de prueba debemos comprenderlo de manera íntegra. Cuando tenemos un dictamen en frente debemos entender que en nuestras manos se encuentra la conjunción de muchas acciones y actos realizadas por varias personas. Por ello pudiera decirse que el dictamen criminalístico es el acabado del peritaje, la cúspide de su expresión.

9. Ampliación del dictamen.

A veces el dictamen pericial no aborda todos los puntos por los que fue requerido o, aun abordándolos, el debate penal demanda más información sobre el objeto de ese dictamen criminalístico. Es en estas circunstancias que las partes en el proceso penal pueden solicitar que se indague más sobre el objeto del peritaje, resuelvan las dudas de hecho existentes aún y, consecuentemente, se amplíe el dictamen pericial. La ampliación del dictamen también puede solicitarse por el propio tribunal si así lo entendiese necesario. Pero nótese que la ampliación del dictamen pericial no significa la sustitución de un dictamen por otro o la anulación del ya existente, sino la exposición de más elementos que permitan una mejor comprensión o credibilidad de dicho dictamen. En tal sentido, las partes tomarán en cuenta para el debate todos los aspectos expuestos por el dictamen primario y sumarán a dicho debate aquellas consideraciones adicionadas durante la ampliación. Así, durante el informe pericial se expondrá la versión final ya ampliada. No obstante, si la ampliación del dictamen se lleva a cabo durante las fases preliminares del proceso penal se tomará igualmente como estandarte la última versión. Pudiera suceder que durante la ampliación del dictamen el perito cambie sus conclusiones, lo cual es totalmente permisible. Lo que no debe suceder es que existan conclusiones alternativas sobre el objeto del peritaje porque la función de todo dictamen es brindar certeza sobre el objeto del proceso, por lo que una alternancia de conclusiones puede determinar la existencia de dos hechos diferentes y ello iría en contra de la lógica jurídica del proceso penal.[33]

10. La actividad pericial durante la fase preparatoria del proceso penal. Su valor jurídico durante esta etapa.

El proceso penal se inicia con el procesamiento de una noticia concerniente a la ocurrencia de un hecho delictivo (notitia criminis). En tal sentido, las autoridades pertinentes iniciarán un proceso de investigación para determinar tres aspectos

---

[33] Al respecto vid: AGUILAR AVILÉS, DAGER: *Consejos útiles para abogados penalistas (I): Nociones y estrategias a tener en cuenta para una defensa penal efectiva durante el juicio oral.* Ed. Honoris-American Project. Estados Unidos. 2017. P.125-139.

fundamentales a saber: si dicho hecho ha ocurrido realmente, las circunstancias en las que ha acontecido y, por último, los partícipes de dicho hecho y sus respectivos grados de intervención durante su ejecución (grado de participación). A este periodo de investigación preliminar es lo que se conoce como fase investigativa del proceso penal. Algunos ordenamientos como el español reconocen esta fase como un periodo administrativo dentro de la fase preparatoria del juicio oral en la que el Estado recupera la ventaja tomada por el delincuente y le priva excepcionalmente de determinados derechos conforme a esos fines. Otros ordenamientos reconocen simplemente la fase investigativa como un periodo en el que se acumulan las pruebas necesarias para fundamentar la acusación contra quien se haya probado haber intervenido en el hecho delictivo como autor o partícipe. Estas distintas percepciones de la fase investigativa del proceso penal ha llevado a un partidismo doctrinal en el que algunos especialistas consideran que la fase investigativa es una fase independiente a la fase preparatoria por ser precisamente un mero periodo administrativo y otro grupo, bien significativo, considera que se trata de un periodo o subfase dentro de la fase preparatoria. Lo cierto es que independientemente de la postura que se adopte al respecto se comprende unánimemente que la fase investigativa es un periodo inicial en el proceso penal y necesario para poder determinar las partes procesales y definir ciertamente el objeto del proceso penal y su razón o lógica procesal acorde al caso concreto del que se trate. Es en este escenario de investigación que se desarrolla la actividad pericial y se conforma posteriormente el dictamen pericial.

El fundamento de la actividad pericial en el proceso penal parte de dos principios: la presunción de inocencia y el aforismo romano *actore non provat reus absolvitur*. Conforme a la presunción de inocencia, se requiere una actividad probatoria de la culpabilidad como exigencia jurídico-legal para que cualquier persona sea tratada como culpable y posteriormente condenado, por lo que de no ser así el tratamiento del sujeto debe ser igual a todo inocente. En tal sentido este principio se expresa en determinados efectos jurídicos procesales que garantizan la invulnerabilidad de su condición humana y psico-social. Por su parte, el aforismo *actore non provat reus absolvitur* trasciende como la obligación del acusador de probar todos los elementos que imputa al acusado. En caso de que estas imputaciones no sean demostradas no podrá detenerse al imputado. De hecho, la mayoría de las leyes procesales iberoamericanas establecen que se considerará ilegal aquella detención en la que no existan elementos probatorios suficientes sobre la autoría o participación significativa del imputado en la ejecución del delito. De esta manera la actividad pericial justifica su valor, necesidad y utilidad en las fases preliminares del proceso penal.

La actividad pericial en el proceso penal la dirige de forma global el órgano acusador (generalmente el fiscal). Éste es quien determina los dictámenes que necesitará para fundamentar el pliego acusatorio. En tal sentido requerirá todos los elementos de pruebas que le permitan razonadamente demostrar:

-los hechos sancionables que resulten de las actuaciones investigativas.
- los hechos que constituyan circunstancias modificativas del marco sancionatorio o eximentes de responsabilidad penal.

- la calificación legal de dichos hechos.

- el concepto de participación que hayan tenido los acusados contra los que se vaya a ejercer la acción penal; así como otros elementos referidos a la responsabilidad civil y al grado de culpabilidad del sujeto.

De lo anteriormente se desprende que durante la fase preparatoria del proceso penal la recolección de elementos probatorios es una de las faenas fundamentales. En tal sentido, la doctrina procesal es bastante homogénea al definir la fase preparatoria como el *conjunto de las diligencias previas a la apertura del juicio oral dirigidas a averiguar y comprobar la existencia del delito y sus circunstancias, recoger y conservar los instrumentos y pruebas materiales de éste y practicar cualquier otra diligencia que no admita dilación, de modo que permitan hacer la calificación legal del hecho y determinar la participación o no de los presuntos responsables y su grado, y asegurar, en su caso, la persona de éstos.*[34]

---

[34] Definición tomada del artículo 104 de la ley 5/97 Ley de procedimiento Penal cubana.

Una vez que la policía recibe la *notitia criminis* se persona lo antes posible en el lugar de los hechos por medio de las unidades destinadas a la investigación forense. Un oficial será designado como responsable de todo el proceso de examinación de fuentes de pruebas y la recolección y conservación de los elementos probatorios obtenidos. Este oficial tendrá a su cargo un grupo de peritos que ejecutarán los distintos peritajes que el propio oficial instructor haya solicitado. En un tiempo determinado y pre-establecido por la ley el oficial debe tener en su poder los respectivos dictámenes criminalísticos. De esta manera se compone un expediente especial conocido usualmente como "atestado policial". El atestado policial registra todos los momentos importantes del nacimiento y desarrollo de esta primera etapa administrativa del proceso penal. En él se consigna desde el recibimiento de la *notitia criminis* y las circunstancias en que ésta se recibe hasta la designación de los peritos y circunstancias en que se desarrolla toda la actividad forense en general. Finalmente, este expediente manifestará si se ha logrado comprobar o no la existencia de un delito, sus circunstancias y los partícipes (destacando en este caso los grados de participación). También se recoge en el atestado policial toda la cronología respecto al tratamiento del imputado, su abogado y testigos. Ahora bien, todos los datos recogidos en el atestado policial deben ser remitidos en el tiempo que fija la ley a la fiscalía para que ésta determine si resultan suficientes los elementos probatorios obtenidos para fundamentar en su día una acusación formal. De resultar suficientes entonces se procederá a la redacción del pliego acusatorio que se le presentará al tribunal para proseguir con la radicación de ese expediente como acusación formal (lo que llamamos radicación de la causa).[35]

En tal sentido, si el fiscal considera que no son suficientemente contundentes los dictámenes periciales puede solicitar la ampliación de éstos o, de lo contrario, puede desestimarlos y orientar que se realicen otros diferentes o archivar el caso si correspondiese. Por ello se puede decir que el dictamen pericial juega un papel esencial en la fundamentación y justificación jurídico-legal de la acusación. Es de esta manera que cuando el fiscal

---

[35] Las causas se radican conforme al número de secuencia y el año respectivo. Así podremos encontrar causa 1/2017, causa 2/17 .... y asi sucescivamente. Siempre se leerán como la causa 1/2017 seguida por un delito de violación...

presenta el pliego acusatorio al tribunal se establecen jurídicamente las primeras pautas de fijación del objeto de ese proceso penal. Esto quiere decir que desde este momento en que se ejerce la acción penal el tribunal puede iniciar el establecimiento de los límites del *thema probandum* que posteriormente será definitivo cuando la defensa penal conteste la acusación y entable así el debate penal. Sin los dictámenes periciales el juez estaría en una duda constante al no poder tomar las riendas del objeto del proceso conforme a la débil credibilidad de elementos probatorios aortados al proceso y determinar si realmente las actuaciones realizadas durante la fase preparatoria han cumplido sus objetivos, por lo que no tendría otra opción que sobreseer las causas de manera injustificada. A veces el autor del delito es sorprendido en plena flagrancia (*in fraganti*) y las circunstancias no ameritan el despliegue de una actividad investigativa profunda. No obstante, ello no significa que tanto el fiscal como las autoridades policiales no ordenen la realización de determinados dictámenes como pueden ser psicológicos o de corte medico-legales sobre el autor mismo o su víctima. Con ello queremos significar entonces que el dictamen pericial es una figura esencial e indisolublemente agnada al proceso penal y sus etapas preliminares.

11. La contradicción del dictamen pericial.

La contradicción procesal se define como el conjunto de mecanismos e instrumentos que permiten a las partes confrontadas en el proceso penal hacer oír sus argumentos conforme a sus intereses y pretensiones; así como oponerse a los de su adversario procesal, contribuyendo así a la lógica del proceso y a la contrucción de la prueba.[36]

El dictamen pericial al ser introducido en la esfera procesal debe cumplir con los principios teóricos del mismo y, a su vez, con todas las exigencias legales de la ley adjetiva penal correspondiente. Por ello no es desacertado afirmar que desde que el dictamen pericial entra al proceso penal se genera todo un andamiaje que permite a las partes contradecirlo, debatir y, consecuentemente,

---

[36] Aquí debemos tener en cuenta que la prueba es unilateral, es una noción dialéctica y, consecuentmente, la contradicción del dictamen implica participar en la formación de la convicción judicial y de la prueba misma.

enriquecerlo.[37] Usualmente esta contradicción se manifiesta de cuatro maneras a saber:

- Mediante la proposición de dictámenes periciales de partes. Éstos serían contradictorios e intentarían refutarse mutuamente.
- Mediante la contestación del acusado en sus conclusiones provisionales. En este sentido, el acusado puede oponerse a los resultados del dictamen pericial exponiendo sus razones en sus conclusiones provisionales estableciendo así los marcos del debate penal o, de lo contrario, puede guardar silencio y debatir al respecto durante el juicio oral cuando sea realizado el informe pericial.
- Mediante la solicitud de interrogatorio al perito por la parte contraria de aquella que ha propuesto el dictamen pericial.
- Mediante la impugnación del dictamen pericial presentado por la acusación en su momento procesal o mediante la

---

[37] Debemos tener en cuenta que la contradicción es el rasgo antonomástico de todo proceso penal, pues si ésta no está presente se trataría entonces de un procedimiento por no existir enfrentamiento o confrontación de intereses de parte.

impugnación ante un tribunal superior del valor de prueba que ha otorgado el juez que conoce del caso al informe pericial en la justificación de su sentencia.

Lo cierto es que la contradicción del dictamen pericial deviene en un derecho ciudadano que se fundamenta en la posibilidad fáctica de que las partes procesales puedan oponerse e intentar falsear la cientificidad o destruir la credibilidad de los elementos de pruebas aportados por el dictamen en el momento exacto en el que se construye la prueba en el proceso penal.

12. Reflexiones acerca de la motivación del dictamen pericial.

Por motivación se comprende *el señalamiento o énfasis que se descubre en una persona hacia un determinado medio de satisfacer una necesidad, creando o aumentando con ello el impulso necesario para que ponga en obra ese medio o esa acción, o bien para que deje de hacerlo.*[38] Este

---

[38] PINILLOS, JOSÉ LUIS: *Principios de Psicología*. Ed. Alianza universal. Madrid , España. 1977. P.503.

113

término proviene del vocablo latino *motus* o *motivus,* que significa "causa del movimiento", y se explica fundamentalmente desde los preceptos de las ciencias psicológicas. Esto se debe a que la motivación es un proceso intrínseco a la naturaleza humana y su racionalidad. Por ello partimos de la idea de que la motivación siempre nace en la subjetividad humana y se manifiesta en los actos humanos. De esta manera, cuando hablamos de la motivación de un dictamen pericial nos referimos a una fenomenología que ha nacido en la cognición y volición humana; pero que se manifiesta en las actuaciones referentes al dictamen criminalístico y su objeto. Por ello resulta imprescindible estudiar este aspecto del dictamen pericial, especialmente por ser un tema muy poco abordado en nuestras cátedras forenses.

Según la doctrina general dominante sobre la motivación, el ser humano tiene cotidianas necesidades que se le van presentando a lo largo de su vida como obstáculos en su permanente búsqueda de la felicidad y perfección. En este sentido, las necesidades se expresan como carencias de diversas naturalezas y despiertan el deseo del ser humano por resolverlas. Es así que nacen los intereses. Una misma persona puede tener al mismo tiempo disímiles necesidades y, en correspondencia, disímiles intereses. No obstante, no a todas las necesidades les otorgamos el mismo valor, pues las personas suelen establecer conciente o inconcientemente un orden de prioridad para la solución de cada necesidad; es decir, un orden de intereses. Es a ese proceso de creación de dicho orden de prioridad de intereses para la satisfacción de las necesidades a lo que se le ha dado a llamar motivación. Sin embargo, no podemos obviar que a ese valor racional específico que otorgamos al interés para satisfacer una necesidad es lo que se conoce como "motivo".

De lo antes explicado se comprende que el motivo no es más que un valor, ese que una persona le otorga al interés por satisfacer una necesidad con respecto a otra y se manifiesta o expresa en la prioridad que le otorgamos en relación con otros intereses y necesidades. Entonces, al hablar de motivación estamos relacionando tres categorías importantes: necesidad, intereses, motivos. Si aplicamos toda esta doctrina a nuestro objeto de estudio en esta obra tendríamos que hacernos varias preguntas esenciales a saber: ¿Qué es lo que motiva al dictamen pericial? ¿Es el motivo del dictamen pericial su causa? ¿Cuál es el elemento humano en este proceso?¿Cómo se manifiesta la motivación del dictamen criminalístico? ¿es lo mismo la motivación del dictamen criminalístico que su fundamento?

En relación a la pregunta sobre qué es lo que motiva el dictamen pericial debemos partir de la existencia de las *dudas de hecho* en el proceso penal y la misión del Estado de administrar una justicia real y efectiva para mantener el equilibrio social y régimen socio-económio y político imperante. Esto se explica a partir de la existencia de una necesidad que se expresa, fundamentalmente, en dos dimensiones. Por un lado está su dimensión particular en cuanto es requerido que se restablezcan y restituyan los derechos lesionados y bienes de la víctima del delito respectivamente. También se aprecia y se describe una necesidad societal al requerirse que la sociedad recupere la ventaja que le ha ganado el delincuente por medio de la realización de una relación social prohibida, no deseada y lesiva al sistema de relaciones sociales imperantes. Así, la comisión del hecho delictivo provoca una necesidad que se expresa de la manera antes explicada y despierta el interés del Estado por resolverla. Es ahí que nace la motivación estatal al querer dar prioridad a la solución de un conflicto social generado por el hecho delictivo en relación con otros conflictos sociales coexistentes al delito concreto.[39] Ahora bien, el Estado al ser el único ente con la capacidad de crear Derecho y administrar justicia a través del poder judicial delega en el juez, y en virtud de la teoría de la ficción jurídica,[40] los fundamentos y la hermeneutica de dicha motivación. Esto quiere decir que es el juez quien en nombre y representación del Estado interpreta, justifica y explica por las vias pertinentes la motivación del Estado. Por lo tanto, el dictamen criminalístico en esencia está motivado por el

---

[39] Aunque el hecho delictivo es en sí mismo un conflicto social.

[40] Conforme a la teoría de la ficción, las personas jurídicas, incluyendo el Estado, adquieren tributos propios de las personas naturales como son derechos, obligaciones y potestades fundamentados todos en la equivalencia de ambas categorías (personas natural y persona jurídica)a la hora de darles un tratamiento jurídico y legislativo determinado.

interés priorizado del Estado de resolver necesidades primarias y secundarias a saber:

Necesidades primarias:

- Mantener el equilibrio social y régimen socio-económio y político imperante mediante la impartición de una justicia real y efectiva.
- Brindar certeza y confianza a la sociedad en el sistema de Justicia diseñado en el Estado mediante la resolución de toda duda de hecho y de Derecho en los procesos de administración de Justicia.[41]

Necesidades secundarias

- Mantención del equilibrio en el sistema de relaciones sociales imperantes en el Estado mediante la negación de las relaciones sociales prohibidas y lesivas al orden imperante.

En lo que respecta a la causalidad del dictamen pericial debemos partir de la idea de que no se

---

[41] También existen otros aspectos que

debe confundir ésta con el motivo. Una *causa* es una cosa o suceso que origina otra cosa o suceso. Un *motivo* es la razón por la cual es realizada una determinada acción. Por tanto, la diferencia entre ambos conceptos es que el primero puede ser un acto racional o no, en cambio, el segundo siempre lo es.[42] Por lo tanto, la causalidad de un peritaje siempre estará determinada por las necesidades primarias, antes expuestas, y que existen independientemente del proceso penal concreto (meta-procesalidad); por lo que rigen como reglas generales naturalmente pre-establecidas del orden procesal y procedimental penal. No obstante, la causa del dictamen criminalístico, propiamente dicho, será la necesidad de fundamentar la motivación del fallo judicial conforme a los principios de la sana crítica, congruencia y legalidad. Esto es lo que obliga a que, independientemente a que se perite en el proceso, se entregue al juzgador una explicación detallada y comprensible sobre el peritaje realizado y las conclusiones del perito para que el juez pueda procesar esta información intelectualmente en la formación de su convicción

---

[42] Tomado de SANCHEZ CECILIO: *causa vs motivo*. Obtenible en su blog publicado en http://noeresmas.com/articulos/causa-vs-motivo. consultado el 2 de febrero de 2018.

judicial. Así el motivo del dictamen pericial criminalístico sería la ignorancia del juez y los sujetos procesales sobre la materia específica en la que recae el peritaje; pues sólo a partir de dicha ignorancia es que se determina de una vez y por toda la presencia de un dictamen pericial en el proceso penal. Entonces podemos decir que tanto el peritaje como el dictamen pericial criminalístico obedecen a un mismo proceso de motivación; pero describen diferentes causalidades y motivos.

Importante mención merece aquí lo que muchos han llamado el elemento humano del dictamen pericial criminalístico. Este es un tema relevante ya que cada vez más aparecen nuevas técnicas en la que el hombre es auxiliado por animales estrictamente entrenados para específicas actividades periciales. Un ejemplo de estas nuevas técnicas lo es la Odorología forense.[43] También se pueden dar los casos en los que el hombre arriba a conclusiones determinadas por algoritmos y

---

[43] Al respecto vid: AGUILAR AVILÉS, DAGER: ¿Odorología Ciminalística? ¿Qué es?. Editado por Honoris American Project. Estados Unidos. 2015. También vide: AGUILAR AVILÉS, DAGER: Dimensiones de la Odorología criminalística. Editado por Honoris American Project. Estados Unidos. 2015.

sistemas informáticos. El elemento humano del dictamen pericial criminalísico se define como todo sujeto portador de la actividad racional en la elaboración del dictamen pericial. En este caso sería el perito. En la doctrina se tiende a diferenciar el elemento humano del peritaje con el elemento humano del dictamen pericial porque no siempre todos los que intervienen en el peritaje participan en la elaboración de las conclusiones periciales y la redacción del dictamen criminalístico. Lo cierto es que generalmente se asume como elemento humano del dictamen pericial aquel sujeto que ha dirigido el peritaje y ello es erróneo porque realmente el elemento humano es aquel que aporta la conclusión racional y resuelve la duda de hecho. De esta afirmación se desprende que un dictamen puede ser redactado por una persona y estar firmado por el perito que ha dirigido al grupo de especialistas que realizó el peritaje, pero si las conclusiones no fueron suyas únicamente, entonces serán entendidos como *elemento humano* de dicho dictamen todos aquellos que formaron parte de la elaboración de las conclusiones presentadas en dicho dictamen. La principal trascendencia jurídica de la correcta determinación del elemento humano del dictamen pericial es que ésta, el elemento humano, será la persona indicada para realizar el informe pericial en el juicio oral. Generalmente los jueces toman como indicador del elemento humano a la persona que ha firmado el dictamen y es a la que citan para comparecer en el acto del juicio oral. Sin embargo, suele suceder que la duda de hecho no queda bien explicada y el juez no logra formarse una convicción a partir de dicho informe pericial. Por ello no tiene de otras que desestimarlo en la motivación de su sentencia o, simplemente y en el mejor de los casos, cotejarlo con los resultados de otros medios de pruebas practicados en el juicio oral para poder darles valor probatorio y fundamentar su fallo.

Por último, quisiéramos aludir a un tema también relevante en los últimos años. Nos referimos a la diferencia entre la motivación y la fundamentación del dictamen pericial criminalístico. Si bien ya hemos dejado claro en esta obra que serán fundamentos del dictamen pericial criminalístico todas aquellas razones que justifican su existencia y utilidad social, no podemos obviar que aún se suscita gran confusión a la hora de explicar y comprender este tema. Los fundamentos del dictamen pericial existen independientemente de la subjetividad humana, ya que se encuentran exteriorizados en el medio social. En cambio, la motivación del dictamen pericial es un proceso intrínseco a la subjetividad humana y es en ese medio subjetivo que se manifiesta y desarrolla. Ahora bien, existe un punto convergente entre la motivación y la fundamentación del dictamen pericial y es su *causalidad*. Esto significa que ambas fenomenologías no pueden verse de manera aislada sino conexas. Los elementos que sirven como fundamentos al dictamen pericial traen como efecto el proceso de motivación del mismo y dicha tangencialidad se expresa precisamente en el proceso penal concreto desde que se identifican las dudas de hecho y se determina la realización de un peritaje para resolver el *dubium*..

Bibliografía

1. AGUILAR AVILÉS, DAGER: *El Peritaje en El proceso penal*. Ed.Eumed. Universidad de Málaga, España. 2010.
2. ANTONOV, L. I.: *"Criminalística"*. Universidad Estatal de Leningrado. 1976.
3. ALARCÓN FLORES, L. A.: *"La Criminalística"*. http://www.monografias.com
4. ALCALÁ-ZAMORA Y CASTILLO, N. Y LOVENE, R. hijo: *"Derecho Procesal Penal"* T. II y III. Editorial Guillermo Kraft Ltda. Buenos Aires. 1945.
5. ÁLVAREZ ARGÜELLES, M., GARCÍA MORENO M. Y TOMÁS PÉREZ C.: *"Dermopapiloscopía"*. LCC. La Habana. 1986.
6. ÁLVAREZ SAAVEDRA, F. J.: *"Memoria, descripción personal y retrato robot"* en Revista de la Escuela de Seguridad Pública de Andalucía. No. 87. Abril 2000.
7. ARENAS MAZORRA, J. L.: *"Dermopapiloscopía"*. Editorial Ciencia y Técnica. La Habana. 1970.
8. _____: *"Impresiones dudosas e interesantes. Su estudio"*. Editorial Ciencia y Técnica. La Habana. 1985.
9. BIXBY, W.*: "El universo de Galileo y Newton"*. Barcelona: Editorial Timun Mas, 1966.
10. **BOBEV, K.**: *"El Peritaje Criminalístico"*. Sofía. 1986. (en búlgaro).

11. **BORGES DOS REIS, A.**: *"Metodologia Científica e Perícia Criminal".* Millennium Editora Ltda. 2006 (en portugués).

12. _____: *"Desenho para criminalística e retrato falado".* Millennium Editora Ltda. 2006 (en portugués).

13. **BRÉHIER, E.**: *"Historia de la filosofía".* T. I y II. Traducción de Juan Antonio Pérez Millán y Mª Dolores Morán. Editorial Tecnos. Madrid. 1988.

14. **BRITO FEBLES, A., AMIEIRO RODRÍGUEZ, E.** y **HERNÁNDEZ DE LA TORRE, R.**: *"Teoría General de la Criminalística".* Facultad de Derecho de Camagüey.

15. **CABRERA RODRÍGUEZ, R.**: *"La Inspección del Lugar del Suceso e Investigaciones Criminalísticas de las Pruebas Obtenidas.* Trabajo de Diploma. Facultad de Derecho de la Universidad de Oriente. 1985-1986.

16. **CALÁ MATOS, M.** Y **CASTAÑEDA, A. R.**: *"La Importancia de la Técnica Criminalística en el Proceso Penal".* Trabajo de Diploma. Facultad de Derecho de la Universidad de Oriente. 1984.

17. "Carta a los Operativos". LCC. DGT. MININT.

18. **CARRIÓN LELIEBRE, D.**: *"Importancia de la preparación del Perito Criminalista para su participación en el Juicio Oral".* http://1158.50.1.1/ACT0

19. **CASANUEVA, R.**: *"El Libro, su diseño".* Editorial Oriente. Santiago de Cuba. 1990.

20. **CASTELLANOS, G.** y otros: "Nociones de Criminalística". http://www.ventanalegal.com.

21. CASTELLANOS, I.: *"Diccionario de Dermopapiloscopía"*. Editorial Jesús Montero. La Habana. 1952.
22. CASTILLO MARTÍNEZ, J. Y ORTIZ GODÍNEZ, F.: "*Retrato Hablado*. Criminalística, Revista del LCC. No. 1/90.
23. CAZAU, P.: *"Indignos orígenes de la novela policial francesa"*. http://www.monografias.com
24. CECCALDI, P. F.: "De los Hechos a las Pruebas". III Coloquio Internacional de Policía Científica. París. 1972.
25. CERDEIRAS ARTILES, L. A.: *"Aspectos tecnológicos relacionados con el aseguramiento operativo al Sistema Electroenergético nacional"*. Seminario Nacional. Stgo. De Cuba. 2007.
26. CHAVIANO PÉREZ, J.: *"La investigación de los pelos en la teoría de la identificación criminalística"*. Taller Nacional de Identificación. Villa Clara. 2006.
27. CHAPEL D'ESPINASSOUX, M. G.: *"La Jeunesse d'Orfila. Fragment d'une autobiographie inédite publié par ..."* en Revue Hebdomadaire 23 (1914) (en francés).
28. CIM: "Testigos Mudos. Guía para los Oficiales Operativos e Investigadores". Dirección de CIM. VIII Departamento. La Habana. 1984.
29. CLAUDIO DE ARAÚJO, M. E.: *"Histórico dos Processos de Identificação"*. Instituto Nacional de Identificação. Diretoria Técnica Científica. Departamento de Polícia Federal. Brasil (en portugués).

30. COLECTIVO DE AUTORES: "Manual de Biología Criminalística". Editorial SI-MAR S. A., La Habana. 2003.

31. DA LUZ FIGINI, A. R., LEITÃO E SILVA, J. R., FERNANDO JOBIM, L. Y DA SILVA, M.: "Identificação Humana". 2da. Edición. Millennium Editora Ltda. 2006 (en portugués).

32. DE LA BARREDA SOLÓRZANO, L.: "Tortura: La Intensidad del Dolor". http://www.incesi.org.mx

33. DEANGELIS, G.: "Criminalistics for the Investigator". Glencoe Publishing Co., Inc; Encino, Ca. 1980 (en ingles).

34. "Diccionario Enciclopédico Jurídico". Enciclopedia Jurídica. Moscú. 1987. (en ruso).

35. DOHRING, E.: "La Prueba su Práctica y Apreciación". MINJUS. Habana. 1986.

36. DPTO. DE JUSTICIA DE LOS EEUU: "A Review of the FBI's Handling of the Brandon Mayfield Case. Unclassified and Redacted" de la oficina del Inspector General del Departamento de Justicia de los EEUU. Marzo del 2006 (en inglés).

37. DPTOS. DE PROCESAMIENTO PENAL Y TÉCNICA CANINA DEL ORDEN INTERIOR NACIONAL: "El trabajo del Guía Canino con su perro en el Lugar del Suceso". La Habana. 1991.

38. "Enciclopedia Jurídica Española". Francisco Seix, Editor. Barcelona. 1910.

39. ENGELS, F.: "Anti During". Editorial Pueblo y Educación. La Habana. 1975.

40. ENG, A., CANTERO, M. Y VERGARA, D.: "Metodología de la Investigación". Centro Técnico de la Vivienda y el Urbanismo

MICONS. Departamento de Investigaciones Sociales. 1990.

41. ESCUELA DE LAS AMÉRICAS: *"Manual de Interrogatorio"*. Editado electrónicamente por el Equipo Nizkor- Derechos Human Rights el 04nov01.

42. **Espindula, A.**: *"Perícia Criminal e Civil. Uma visão geral para peritos e usuários da perícia"*. 2da. Edición. Millennium Editora Ltda. 2006 (en portugués).

43. ESPINOSA, G.: *"Curso de Postgrado sobre Biomoléculas"*. Universidad de la Habana. 1998.

44. EVANS, C.: *"The Casebook of Forensic Detection How Science Solved 100 of the World's Most Baffling Crimes"*. John Wiley & Sons, Inc.; New York, 1996 (en ingles).

45. FEITOSA ARAGÃO, R.: *"Acidentes de Trânsito. Aspectos técnicos e jurídicos"*. 3ra. Edición. Millennium Editora Ltda. 2006 (en portugués).

46. FERNÁNDEZ PEREIRA, J. A.: *"Apuntes de Criminalística"*. Universidad de la Habana. Facultad de Derecho.

47. FERNANDO JOBIM, L., RENATO COSTA, L. Y DA SILVA, M.: *"Identificação Humana. Identificação pelo DNA – Identificação Médico-Legal – Perícias Odontológicas"*. Volumen II. Millennium Editora Ltda. 2006 (en portugués).

48. FONTES CAPOTE, H.: *"Manual para la Investigación de AVEXI"*. LCC MININT. 1992.

49. _____: *"El Incendio. Su investigación, síntomas y causas"*. Editorial SIMAR S. A., La Habana. 2003.

50. FRENCH, M.: *"Derecho Procesal Penal".* T. I. 2da. Edición. Editorial Libros Lobar S.A. 1952.

51. GALLARDO ORTIZ, M. A.: "Contraperitaje judicial". http://www.sita.es

52. _____: *"Principios de metaperitación judicial para peritaje de peritajes en juzgados y tribunales".* http://www.cita.es/metaperitar

53. GARCÍA, M. E.: *"La utilización de la prueba de ácido desoxirribonucleico (ADN) para la aplicación de la justicia en México".* http://www.monografías.com.

54. GARCÍA SÁNCHEZ-MOLERO, J. A.: *"Las asociaciones de Criminalística ante los retos de la delincuencia organizada y el terrorismo".* Instituto Universitario de Investigación sobre Seguridad Interior. 2005.

55. GARCÍA VALDEZ, R.: *"Derecho Procesal Criminal".* 2da. Edición. Editorial Instituto Rens. Madrid. 1944.

56. GESNDL, R.: "La Dactiloscopía y otros métodos de la Técnica Penal en la Investigación de delitos". Moscú. 1927. (en ruso).

57. GIST, R.: *"Una opinión crítica sobre el interrogatorio".* Trauma Information http://www.trauma-pages.com

58. GÓMEZ ORBANEJA, E. Y HERCE QUEMADA, V.: *"Derecho Procesal"* T. II. 3ra. Edición. Madrid. 1951.

59. GONZÁLEZ HERNÁNDEZ, H. J.: *"Valor probatorio del documento electrónico".* Tesis en opción al Grado de Doctor en Ciencias Jurídicas y

Políticas. Maracaibo: Universidad del Zulia. 2000.

60. GORDILLO, R.: *"Conferencia sobre investigación de drogas"*. Dictada en el LPC de Stgo. de Cuba el 24.2.95.

61. GORPHE, F.: *"Los Indicios, Presunciones y Circunstancias. De la Apreciación de las Pruebas"*. Revista Divulgación Jurídica. No. 2. 1984.

62. GUERRERO VIVANCO, W.: *"Derecho Procesal Penal"*. T. III, La Prueba Penal. Departamento de Publicaciones de la Facultad de Jurisprudencia de la Universidad Nacional de Loja. Ecuador. 1989.

63. GUETMANOVA, A.: *"Lógica"*. Editorial Progreso. Moscú. 1989.

64. GROSS, H.: *"Handbuch der Kriminalistik"*. Berlín. 1908. (en alemán).

65. HARRIS, B., KOHLMEIER, K. Y KIEL, R.: *"Crime Scene Investigation"*. Libraries Unlimited, Inc.; Englewood (en ingles).

66. HAVEKOST, D. G.: *"Análisis Comparativo del Plomo de Proyectiles de Armas de Fuego utilizando las técnicas de Espectroscopía Nuclear y Atómica¨*. VII Simposio Internacional de Criminalística. http://www.policia.gov.co/inicio/portal/unidades /egson.nsf/paginas/LIBRODEORODELOSSIM POSIOS

67. HERNÁNDEZ DE LA TORRE, R.: *"La Ciencia Criminalística. Curso de Postgrado"*. Managua. 1988.

68. _____: *"Apuntes sobre personalidades de la Criminalística.* 2do. Simposio Nacional de Técnica Criminalística TECNICRIM' 94. Sancti Spíritus. 1994.

69. _____: *"Historia de la Criminalística Cubana".* Ciudad de la Habana. 2001.

70. HERRER GONZÁLEZ, E.: *"La Criminalística como Ciencia Penal".* Revista Cubana de Derecho. No. 36, Año XVIII. La Habana.

71. _____: *"Propedéutica, Deontología y Ética en la Técnica Criminalística".* LCC. 1990.

72. _____: *"La Escuela Cubana de Criminalística, una realidad y una necesidad".* LCC. 1992.

73. _____: *"Identificación Criminalística de las personas por su aparato dentario y las huellas producidas por éste".* Tesis presentada en opción al Grado Científico de Doctor en Ciencias Jurídicas. Ciudad de La Habana. 1993.

74. HERRERA MARTÍNEZ, I., TOLEDO SÁNCHEZ, C. Y ORTA TRESOL, I.: *"Investigación de Tóxicos Metálicos en Alimentos Elaborados y sin elaborar, mediante las técnicas de Fluorescencia de rayos X y difracción de rayos X".* LCC.

75. HILARIÓN, E.: *"Elementos de Derecho Procesal Penal".* Bosch, Casa Editorial. Barcelona. 1934.

76. HORGAN, J. J.: *"Investigación Penal".* Editora Ctán. San Luís.

77. HURLEY, J.: *"Creative Criminalistics."* en The Science Teacher. Abril 1995 (en ingles).

78. ICHENKO, P. P.: "*El Perito en las Acciones de Instrucción. Aspectos procesal-penales y criminalísticos"*. Literatura Jurídica. Moscú. 1990. (en ruso).

79. "Interrogatorios". http://www.policias.org

80. JIMÉNEZ ASENJO, E.: "*Derecho Procesal Penal*". T. I. Editorial Revista de Derecho Privado. Madrid.

81. КОЙСИН, А. А.: *"Вопросы Криминалистики и Судебных Экспертиз".* Юридический институт ИГУ. 2001 (en ruso)

82. KORUJOV, YU. G.: "*Problemas del Diagnóstico Criminalístico"*. Moscú. 1989.

83. KOETZSCHE, H.: *"Técnicas Modernas de Investigación Policial"*. Instituto Nacional de Ciencias Penales. México. 1991.

84. KOTOV, D. P.: "*Problemas de la Ética Judicial"*. Znanie. Moscú. 1976. Traducido al español e impreso por el MINJUS. La Habana. 1985.

85. KRILOV, I. I.: "*Teoría Criminalística de las Huellas"*. Universidad de Leningrado. Leningrado. 1976. (en ruso).

86. LANCÍS SÁNCHEZ, F.: "*Nociones de Medicina Legal"*. Universidad de la Habana. Facultad de Derecho. Habana. 1983.

87. LCC: *"Criminalística"*. Revista del LCC. 1.1988.

88. ____: *"Base Material De Estudio de Química-Física"*. Ciudad de la Habana 2003.

89. ____: *"Base Material de Estudio de la especialidad de Informática Criminalística"*. LCC, DCrim. Ciudad de la Habana. 2004.

90. "Lecciones de Medicina Legal". Pueblo y Educación. La Habana. 1986.

91. LEMOYNE, S.: *"Investigación de Homicidios"*. Editora Ctán. San Luís.

92. LENIN, V. I.: "Materialismo y Empirocriticismo". Ed. Progreso. Moscú 1948.

93. ____: *"Cuadernos filosóficos"* en Obras Completas, T. 29. Editorial Progreso. Moscú.

94. LeÓN-DELL, R.: *"El uso del Polígrafo y los Derechos Humanos"*. Asociación Latinoamericana de Poligrafistas ALP. Congreso Internacional ALP, República Dominicana.

95. *"Leyes de Manú"*. Moscú. 1966. (en ruso).

96. Ley No. 6 de 8 de agosto de 1977. Ley Procesal Penal Militar.

97. *"Ley de Procedimiento Penal de la República de Cuba"*. 2da. Edición del Órgano de Divulgación del MINJUS. 1987.

98. LOCARD, E.: "Manual de Técnica Policíaca". 2da. Edición. Barcelona. 1943.

99. ____: *"Técnica Policíaca-Manual de"*. 4ta. Edición. Barcelona. 1963.

100. López-Puigcerver, C. V.: *"Lecciones de Derecho Procesal Penal"*. Madrid. 1959.

101. "Manual de Interrogatorio". http://www.derechos.org

102. MARINKO, G.: *"¿Que es la Revolución Científico Técnica?"*. Editorial Progreso Moscú. 1989.

103. MARSCH, V.: *"La resonancia magnética descubre zonas del cerebro que se iluminan mientras mentimos"* http://www.tendencias21.net/

104. MARTÍ PÉREZ, J. J.: *"Obras Completas"*. T. 13. Editorial Nacional de Cuba. La Habana. 1963-1973.

105. *Materiales del XVI Simposium Internacional de los Países Socialistas*. Mamaia. 1987. (en ruso).

106. MAZA MARQUEZ, M. A.: *"La Escena del Delito". Derecho Penal y Criminología.* Revista del Instituto de Ciencias Penales y Criminológicas de la Universidad de Externado de Colombia. Vol. X; No. 36 Sep.-Dic. 1988.

107. MARX, C. Y ENGELS, F.: *"Anti Dühring. La Táctica de Infantería y sus fundamentos"*. Editorial Pueblo y Educación. La Habana. 1975.

108. MCKLANG, K. J., GUERRIERI, J. A. Y MCKLANG, K. A. hijo: *"Microcomputadoras para Juristas"*. Literatura Jurídica. Moscú. 1988. (en ruso).

109. *"Medicina Legal"*. 2da. Parte. Editorial Ciencias Médicas.

110. MININT: Orden 012 del 16 de julio de 1990 del Viceministro primero del MININT.

111. _____: *"Teoría de las Versiones, Registro y Detención"*. MININT.

112. _____: *"Manual de Instrucción Policial"*. MININT-Instituto Cubano del Libro. La Habana. 1971.

113. MIRA LÓPEZ, E.: *"Concepto de Peritaje o Dictamen Pericial. Peritos. Características de*

los peritos". Biblioteca Virtual. Fiscalía General de la República de Cuba.

114. MONTOYA, J. Y CONILL, J.: *"Aristóteles: sabiduría y felicidad"*. Madrid. Editorial Cincel. 1985.

115. MORANT BRAID, A. C.: "Fonética Forense". 2da. Edición. Millennium Editora Ltda. 2006 (en portugués).

116. MORENO, A.: *"Doctrina y Práctica del Procedimiento Penal"*. T. I. Buenos Aires. 1943

117. MORENO GONZÁLEZ, R.: *"Visión panorámica de la investigación criminalística"*. Ponencia presentada en el Instituto de Investigaciones Jurídicas de la UAM. 2006.

118. NEGRINI NETO, O. Y KLEINÜBING, R.: *"Dinâmica dos Acidentes de Trânsito. Análises, Reconstruções e Prevenção"*. 2da. Edición. Millennium Editora Ltda. 2006 (en portugués).

119. NIETO GALAN, A. Y BERTOMEU SÁNCHEZ, J. R.: *"Orfila and his biographers"* en Chemistry, Medicine and Crime. Mateu Orfila (1787-1853) and his times. Sagamore, Watson Publishing International, 2006 (en ingles).

120. NIEVES PORTUONDO, A.: *"Olfato y oído de la guerra"*. Verde Olivo. Año XXXI, Nº 3, Marzo 1990.

121. NÚÑEZ DEL ARCO, J.: *"La Autopsia"*. Ediciones GTZ. Sucre-Bolivia. 2005.

122. NÚÑEZ JIMÉNEZ, A.: *"En marcha con Fidel, 1959"*. Editorial Letras Cubanas. La Habana. 1982.

123. NÚÑEZ Y NÚÑEZ, E. R.: *"Ley de Enjuiciamiento Criminal"*. Editorial Cultural, S. A. Habana. 1936.

124. NÚÑEZ SALAS, A.: *"Metodología de la Investigación Criminalística"*. http://www.policia.gov.co/inicio/portal/unidades /egson.nsf/paginas/LIBRODEORODELOSSO MPOSIOS

125. PALMIOTTO, M.: *"Criminal Investigation"*. Nelson-Hall Publishers; Chicago, IL 1994 (en ingles).

126. PAYÓN MORENO, S.: *"Introducción al Estudio de la Carga de la Prueba"*. Estudios de Derecho. Revista de la Facultad de Derecho y Ciencias Políticas de la Universidad de Antagonía. Año XXXVIII. Segunda Época. Marzo de 1977. Volumen XXXVI. No. 91.

127. PEGUDO GALLARDO, R.: *"Los Titanes de la Fotografía"*. La Habana. 1951.

128. PELÁEZ DEL ROSAL, M.: *"Careo"*. Ediciones Rialp S.A. 1991.

129. PELLIZA, S.: *"La aplicación de la Criminalística en México"*. Universidad del Distrito Federal. Cátedra de Criminalística y Medicina Forense. 2003.

130. PENACINO, G.: *"Análisis de ADN: ¿Errores Técnicos o Manipulación de Resultados?*. Sociedad Latinoamericana de Genética Forense http://www.slagf.org.

131. PENACINO, G., SALA, A. Y CORACH, D.: *"Are DNA tests infallible?"*. International Congress Series 1239. Elsevier Science. 2003 (en inglés).

132. PIROGOV, S.: *"Dirección de la Ciencia. El Progreso Científico-Técnico y la Sociedad Socialista".* Redacción *"Ciencias Sociales Contemporáneas".* Moscú. 1987.

133. PITA RODRÍGUEZ, F.: *"Elogio de Marco Polo".* Biblioteca Literatura Cubana. Letras Cubanas. La Habana. 2005.

134. PNR: *"Metodología para la Investigación de los delitos de Homicidio, Lesiones y Violación".* DGPNR. Sección de Investigaciones Criminales. Buró de Homicidios. La Habana. 1972.

135. ___: *"Criminalística".* Escuela de la PNR *"1er. Tte. Antonio Briones Montoto".*

136. ___: Manual sobre los Medios Auxiliares de la Investigación. DGPNR. Poligráfico del MININT.

137. POSADA JEANJACQUES, J. A.: *"Tratado de Balística Criminalística".* Editorial SI-MAR S. A., La Habana. 2003.

138. _____: *"La investigación pericial del Lugar del Suceso".* XIV Forum Nacional de Ciencia y Técnica en el MININT. Ciudad de la Habana. 2002.

139. _____: *"Organización de un Sistema Pericial de Enfrentamiento".* Tesis en opción al Grado Científico de Master en Dirección. Facultad de Economía y Ciencias Empresariales. Universidad de Oriente. 2006.

140. _____: *"Las huellas y su identificación".* XVI Forum Nacional de Ciencia y Técnica en el MININT. Ciudad de la Habana. 2006.

141. POSADA JEANJACQUES, J. A. Y BERNARDO FERNÁNDEZ, J. M.: *"El Conocimiento y la Verdad en la Investigación Judicial".* Trabajo Referativo. LPC de Santiago de Cuba. 1990

142. POSADA JEANJACQUES, J. A. Y LÓPEZ PROHENZA, V.: *"Posibilidades de trabajo del Laboratorio Provincial de Criminalística de Santiago de Cuba".* LPC de Santiago de Cuba. 1991. Laboratorio

143. POLEVOI, N. S.: *"Cibernética Criminalística".* Editora de la Universidad de Moscú. 1982.

144. PROCURADURÍA FEDERAL DE MÉXICO: *"Metodología para la Investigación de las Huellas del Disparo según la "Prueba de Walker".* México. 1990.

145. PUMARIEGA GUTIÉRREZ, B.: *"El Dictamen Pericial en el procedimiento penal cubano. valoración del Dictamen Pericial Criminalístico por el Fiscal".* Biblioteca Virtual. Fiscalía General de la República de Cuba.

146. PUSKOV, G. A.: *"Diseño y empleo de programas computacionales criminalísticos"* (Recomendación Metodológica). Procuraduría de la URSS. Instituto de Perfeccionamiento de los Investigadores. Leningrado. 1989.

147. RAMÍREZ GARCÍA, M.: *"Desarrollo de la Criminalística y su importancia en el derecho penal".*
http://58.50.1.1/La_criminalistica_en_mexico.htm

148. RAMIREZ ZÚÑIGA, J. N.: *"Ciencias Penales".*
http://www.monografias.com

149. "*Recopilación de Trabajos de Criminalística*". No. 4. Instituto de Investigaciones Científicas de la Milicia. Moscú. 1958. (en ruso).

150. REIMANN, W. Y PROKOP, O.: "*Vademecum de Medicina Legal*". Editorial Científico Técnica. Habana. 1987.

151. RIVERA SILVA, M.: "*El Procedimiento Penal*". Editorial Parna S.A. México. 1944.

152. RIVERO, C.: "*¿Por qué identificación de la huella digital?*". http://www.intelektron.com

153. ROUX, A. L.: "*Poesía póstuma a Orfilá*" en Gazette Médicale de Paris, 2 de abril de 1853, n° 14 (en francés).

154. SAFERSTEIN, R.: "*Criminalistics An Introduction to Forensic Science*". Prentice Hall; Upper Saddle River. 1998 (en ingles).

155. SIEGEL, J. Y HOUCK, M.: "*Fundamentals of Forensic Science*". http://www.books.elsevier.com

156. SIERRA DOMINGUEZ, M.: "*Estudios de Derecho Procesal*". Editorial Ariel. Barcelona. 1969.

157. SILVERSTEIN, H.: "*Threads of Evidence: Using Forensic Science to Solve Crimes*". Twenty-First Century Books; Brookfield, CT (en ingles).

158. SIRCHIE: "*Criminal Investigation Tools*". Sirchie Finger Print Laboratorios, Inc. Youngsville, North Carolina. USA (en inglés).

159. SODERMAN, H.: "*Métodos Modernos de Investigación Policíaca*". Editora Ctán San Luís.

160. СОСНОВЦЕВА, Н. Д.: "*Одорологическая Экспертиза: Целесообразность,*

допустимость, достоверность". УДК 343.148.

161. STELZER, E.: "*Criminalística Socialista*". Editorial de Ciencias Sociales. La Habana. 1988.

162. SHEININ, L. R.: "*Libro de Trabajo del Instructor*". Moscú. 1949. (en ruso).

163. SVENSSON, A. Y WENDEL, O.: "*Métodos Modernos de Investigación Criminal*". Editorial AHR-Barcelona.

164. "*Técnica Criminalística. Química criminalística*". MININT. 1974.

165. Thomas, P.: "*Talking Bones: The Science of Forensic Anthropology*". Facts on File, Inc.; New York, NY (en ingles).

166. TOCCHETTO, D.: "*Balística Forense. Aspectos técnicos e jurídicos*". 4ta. Edición. Millennium Editora Ltda. 2006 (en portugués).

167. TOCCHETTO, D. Y ESPINDULA, A.: "*Criminalística. Procedimientos e metodologías*". Porto Alegre. 2005 (en portugués)

168. TORWALD, J.: "*El Siglo de la Investigación Criminal*". Ediciones Revolucionarias. Instituto del Libro. La Habana. 1966.

169. TWAIN, M.: "*Una vida en el Missisipi*". Editorial Mundo. Córdoba. 1962.

170. "Учёные криминалисты, правоведы, социолиги, медики....". http://www.psudology.org/science/index.htm

171. UH: "*Aspectos Fundamentales de la Criminalística*". Facultad de Derecho de la Universidad de la Habana.

172. UO: *"Criminalística"* *(Material de Estudio)*. Universidad de Oriente. Facultad de Derecho. 1977.

173. VAGANOV, P. A. Y LUKNITSKIY, P. A.: "Neutrones *y Criminalística"*. Universidad de Leningrado. Leningrado. 1981. (en ruso).

174. VANDERBOSCH, C. G.: *"Investigación de Delitos"*. Editora Ctán. San Luís.

175. VASILIEV, A.: *Criminalística"*. Moscú. 1971. Traducido al español por la PM 9565, FAR, La Habana. 1981.

176. VIERA AGUILAR, C.: *"Consecuencias derivadas de una incorrecta Inspección del Lugar del Suceso en los hechos de Homicidio"*. Trabajo de Diploma. Facultad de Derecho de la Universidad de Oriente. 1987.

177. VILLANUEVA HARO, B.: *"La Reconstrucción de los hechos y su valor probatorio en el proceso penal. El Proceso Penal y la Norma Jurídico Penal en el Perú"*. http://www.hechos.peru.com

178. VILLALOBOS, G.: *"La criminalística. Concepto, objeto, método y fin"*. http://www.monografias.com

179. VILLAVICENCIO AYALA, M. J.: *"Procedimientos de Investigación Criminal"*. Editora Ctán. San Luís.

180. VILLARREAL RUBALCAVA, H.: *"Apuntes para la Historia de la Criminalística en México"*. Criminalística. Vol. 13, Nº 172. 1991.

181. ZAKRIEVSKIY, A. D.: *"Lógica del Conocimiento"*. Ciencia y Técnica. Kiev. 1988. (en ruso).

Tema II: El dictamen criminalístico como medio de prueba

Sumario:

1. Las Fuentes de Prueba y los Medios de Prueba: importancia de su correcta definición en la delimitación conceptual de los actos de investigación y los actos de prueba. *1.1. los actos de investigación. 1.1.1. la inspección en el lugar de los hechos. 1.1.2. reconstrucción de los hechos. 1.1.3. peritajes (cuerpo del delito). 1.1.3.1. especial referencia a la cadena de custodia. 1.1.4. reconocimiento y detención de los autores del delito 1.1.5. aseguramiento del detenido. 1.1.6. declaración del acusado y de los testigos. 1.1.6.1. El interrogatorio como técnica de aprehensión de información durante la declaración del acusado y los testigos. 1.1.7. careo de testigos y de acusados. 1.1.8. entrada y registro en lugares públicos y privados, así como en naves y aeronaves extranjeras. 1.1.9. registro de libros, documentos privados. 1.1.10. retención y apertura de correspondencia escrita, cablegráfica, digital y telegráfica.1.2. Los actos de prueba* **2. El dictamen pericial criminalístico como medio de prueba en el proceso penal. especial referencia a los principios que rigen la funcionalidad del dictamen pericial en el proceso penal.** *2.1. fase investigativa. 2.2. fase instructiva. 2.3. fase* *intermedia. 2.3.1. especial referencia al dictamen criminalístico como fundamento de la acusación penal.* **3. Clasificación de los dictámenes periciales en el ámbito procesal penal.** *3.1. dictamen pericial de parte y dictámenes pericial judicial.*

1. Las Fuentes de Prueba y los medios de Prueba: importancia de su correcta definición en la delimitación conceptual de los actos de investigación y los actos de prueba.

El término fuente nos sugiere el principio de algo. Es aquello de donde emana o inicia un fenómeno o una cosa y por eso escuchamos con frecuencia hablar de fuentes de energías, luz, agua, juventud, etc. En el ámbito de las ciencias sociales este término es utilizado con igual significado y para poder comprender este tema, aplicándolo a nuestro objeto de estudio en esta obra, debemos partir de que por medio del dictamen pericial se aportan pruebas al proceso penal y, con ello, la certeza necesaria para impartir una justicia de la manera más acertada posible. Entonces, la pregunta que se impone sería: y de dónde surgen esas pruebas que aporta el dictamen pericial? Para muchos la respuesta más lógica sería atribuirle "carácter de fuente de prueba" a la actividad pericial misma; pero en verdad se debe indagar más allá porque este es un tema muy controversial que amerita que dediquemos algunas líneas a su análisis para su mejor comprensión.

En la doctrina procesal existe un marcado partidismo en lo que respecta al concepto de "prueba". Para una parte del gremio jurídico la prueba es un elemento perceptible por los sentidos humanos que aporta verdad y certeza sobre la ocurrencia de un fenómeno, sus características, circunstancias en la que se desarrolla o, simplemente, sobre una duda planteada. En tal sentido tan materialista sería prueba, por ejemplo, una huella dactilar, la flagrancia del criminal y los respectivos testimonios de los testigos o cualquier objeto encontrado en el lugar del suceso delictivo. Contraria a esta concepción se levanta otra que concibe a la prueba como aquello que puede convencer. Es decir, prueba sería aquello que puede provocar convencimiento en las personas. De ahí que para muchos una prueba no sea el elemento físico que se presente ante las personas imputando al supuesto criminal sino aquellos elementos que, aunque sean evidentemente ilógicos, logren convencer a la colectividad. Esta concepción subjetivista otorga valor de prueba a lo que los hombres consideren como tal independientemente de lo que la realidad, la práctica y la lógica demuestren. Esta es una concepción muy peligrosa en cuanto circunscribe el concepto de prueba y el valor probatorio de las cosas a la subjetividad humana; entonces la realidad no sería tal; la realidad sería lo que estimarán las personas y, como cada persona piensa diferente, habrían tantas realidades como personas en el mundo. Un ejemplo desde el ámbito procesal penal sería que un juez declararía culpable a quien considerara simplemente como tal, independientemente de que el hecho demostrado evidencie la inocencia del acusado. Aquí *la verdad* es la que se ha formado el juez en su mente y *la prueba* sería la que éste haya considerado como tal. Este fenómeno se evidenció mucho en el sistema inquisitivo.[44] No obstante, desde que el hombre cuestionó y desplazó a las divinidades y se ubicó en el centro del universo con el surgimiento del positivismo todo ese subjetivismo extremo referente a las concepciones sobre la *prueba* fue

---

[44] Al respecto *vid*: AGUILAR AVILÉS, DAGER: *Victimología, Fundamentos científicos y filosóficos Generales.* Ed. Honoris American-Project. Estados Unidos. 2016. P.265-301.

transversado por la razón.[45] De esta manera surgen los ideales actuales de la prueba en la que se concibe ésta como un proceso que parte de la existencia de determinados elementos (objetos, circunstancias, factores, etc) perceptibles por los sentidos humanos y comprensibles por la subjetividad humana y termina en el análisis sobre la correspondencia entre los elementos fácticos antes enunciados y la lógica de la certeza que brindan ante las dudas que se puedan plantear sobre un fenómeno determinado. Así, el Estado puede otorgar valor a dicho análisis en determinados espacios como puede ser el proceso penal. En tal sentido, será fácil comprender que si, como anunciábamos al inicio de esta obra, "la razón lógica de todo dictamen pericial nace de la necesidad que tienen los magistrados de constatar la coincidencia de los argumentos de las partes en el proceso penal con la verdad real o material de los hechos", entonces la "prueba" constituiría la síntesis del dictamen pericial y ese valor de prueba se lo otorga el juez una vez que valora el informe pericial del experto fundamentado en un previo dictamen

---

[45]*Vide*: AGUILAR AVILÉS, DAGER: *Ideologías y Filosofía política popular en América Latina.* Ed. Honoris American-Project. Estados Unidos. 2016.P 13-41

pericial. Así, a nuestros días llega un concepto de *prueba* visto como una actividad cognoscitiva en la cual se acredita la verdad tal cual es. De ahí que la lógica y razón de la prueba desborde el ámbito jurídico para servirse también de los mismos esquemas de racionalidad de otros campos como puede ser lo forense y la investigación científica en diversas ramas.

Ahora bien, una vez analizada algunas de las concepciones existentes respecto a la "prueba" y la relación filosófica entre ésta y el dictamen pericial criminalístico estamos en condiciones de trascender hacia un análisis respecto a las "fuente de prueba" y su relación con el dictamen criminalístico.

Si la fuente es aquello de lo que emana algo, entonces una fuente de prueba sería aquello de lo que emana la prueba misma. En tal sentido, el dictamen pericial no puede ser considerado una fuente de prueba porque éste es tan solo un medio por el cual los elementos de pruebas son introducidos en el proceso penal para su apreciación y valoración. No obstante, sigue guardando una estrecha relación con las fuentes de pruebas.[46] Con este planteamiento queremos significar que el dictamen pericial criminalístico, sea cual fuese su especialidad, no determina a las fuentes de pruebas, pues éstas le anteceden en tiempo y espacio. Por ello no es nada desacertado afirmar que el dictamen pericial es una confirmación o certificación de la verdad en cuanto expone los elementos de pruebas existentes previamente a él y que el perito extrae a partir del examen de las fuentes de pruebas. Así, estamos en condiciones de entender que las fuentes de pruebas son *aquellos objetos, personas, animales, cosas y/o fenómenos de diversa naturaleza que existen con anterioridad al proceso penal (carácter extraprocesal) y contienen en sí aquella información o datos necesarios para acreditar o certificar la verdad de los hechos o fenómenos que se manifiestan a su alrededor o en relación con ellos.*

Cuando decimos que una fuente de prueba existe con anterioridad al proceso penal nos referimos a que tiene identidad independiente y, por tanto, es una realidad exterior y anterior al proceso

---

[46] Este tema lo estudiaremos más profundamente en los siguientes epígrafes

(metaprocesal). Un ejemplo puede ser un objeto del cual se levanta una huella dactilar o una superficie de la cual se levante también una huella olorosa. En tal sentido, las fuentes de prueba son el objeto y la superficie de los que se levantaron las huellas dactilar y olorosa respectivamente. Igualmente sucede con las personas, por ejemplo, un testigo. En este caso específico el testigo es la fuente de la que se obtiene un testimonio (entendiéndose básicamente al testimonio como el conjunto de datos e informaciones referidas a la ocurrencia de un hecho o fenómeno percibido por el testigo).

Cuando afirmamos que las fuentes de pruebas son las que contienen la información o datos acreditativos de la verdad de los hechos o fenómenos intentamos dar a entender que es de las fuentes de prueba de donde el forense extrae los *elementos de prueba*; pues éstos no son más que dichos datos e informaciones acreditativos de la verdad antes referidos. Así, de las fuentes de prueba se obtienen los elementos de prueba que posteriormente serán introducidos al proceso penal mediante los medios de prueba. Uno de esos medios es precisamente el dictamen pericial en las fases preliminares del proceso penal y el informe pericial durante la fase del juicio oral.[47]

Ahora bien, no cabe dudas de que la verdad, en un primer momento, es tal cual es y no como la imaginamos los seres humanos. No obstante, la realidad misma (esa verdad) siempre será intercertada por juicios de valor y desvalor, por cuestionamientos y, en fin, por toda la subjetividad humana que situa al hombre en el centro del universo y asume como realidad aquello que le dicte su racionalidad. Así, para el Derecho procesal Penal la justicia se va a materializar también, en tanto principio y valor supremo, a partir de juicios racionales emitidos por las partes y el juzgado sobre los hechos objeto del proceso y sus circunstancias concomitantes. Es aquí donde cobra relevancia el *hecho probado*, pues aunque éste pueda diferir del hecho real será relevante con respecto a él siempre que pueda ser narrado lógicamente conforme a los elementos de pruebas

---

[47] Aunque destacamos que no consideramos al informe pericial como un medio de prueba, sino como un acto de prueba que, de igual manera sirve para centrar el debate penal en los elementos de pruebas expuestos en el dictamen pericial.

introducidos al juicio oral y valorados por el juzgador. Por ello los elementos de prueba resultan esenciales en la investigación criminal y en todo el proceso penal, ya que sólo ellos pueden acreditar las circunstancias en las que ha ocurrido el hecho objeto del proceso y sólo ellos devendrán prueba una vez que sean asumidos por el juez para narrar el hecho declarado probado y fundamentar su fallo.

Hasta aquí resulta evidente la instrumentalidad del dictamen pericial como medio de prueba para introducir en el proceso los distintos elementos probatorios. Ahora estamos en condiciones de definir los actos de investigación y los actos de prueba.

Como se infiere de su nominación, los actos de investigación *son actuaciones humanas, acciones voluntarias y racionales en las que un sujeto (en este caso el perito) investiga un hecho o sus circunstancias de ocurrencia para determinar o identificar las distintas fuentes de pruebas y extraer de ellas los elementos de pruebas necesarios para acreditar la verdad de dicho hecho investigado.* Esta idea es bien importante porque en nuestro gremio académico se suele afirmar que los actos de investigación tienen como finalidad aportar hechos y realmente no es así. Lo cierto es que no se puede aportar hechos cuando el objeto del proceso es un hecho y no varios, pues la búsqueda de la verdad está intencionada a eliminar toda narración lógica de hechos alternativos en el proceso penal.[48] Lo que procuran los actos de investigación es aportar elementos de prueba al proceso. También resulta loable destacar que los actos de investigación se realizan en las fases preliminares del proceso penal; es decir, en la fase o periodo de investigación.[49] En cambio, los actos de prueba se realizan durante la fase intermedia y,

---

[48] Esta cuestión es la que da nacimiento a figuras como la *tesis de desvinculación procesal* y a la *duda procesal*. Al respecto *vide*: AGUILAR AVILÉS, DAGER: *Consejos útiles para abogados Penalistas: Nociones y estrategias a tener en cuenta para una efectiva defensa penal durante el juicio oral* (I). Ed. Honoris American Project. Estados Unidos.2017. P.121-139.

[49] Como bien mencionamos anteriormente en esta obra en algunos ordenamientos jurídicos se entienede que dicho periodo investigativo es una subfase dentro de la fase preparatoria del juicio oral y por tanto se comprende al proceso penal dividido en dos fases fundamentales: fase preparatoria y fase de juicio oral. Sin embargo, otra corriente doctrinal considera que realmente la fase de investigación preliminar no es más que una fase administrativa del proceso que genera consecuencias en la capacidad defensiva del imputado durante este periodo preliminar al juicio oral.

especialmente, durante el juicio oral. Ello no significa que durante la fase preparatoria no se realicen actos de prueba y que durante la fase intermedia y de juicio oral no se realicen actos de investigación sino que lo que queremos significar es que los actos de investigación están más concentrados en las fase preparatoria y los actos de prueba en la fase de juicio oral.

Otra distinción que debemos traer a colación es la diferencia entre los elementos de pruebas que aportan los actos de investigación y los llamados *indicios*. Los elementos de prueba, como ya hemos visto en esta obra, ya son parte de una prueba y solo resta someterlos a un proceso de apreciación y valoración judicial para que sean legitimados como tal por el juzgador. O sea, que solo adquieren la categoría de prueba cuando el juzgador las asume como parte del fundamento de su sentencia, así como de la motivación y justificación del hecho declarado por él como probado. Vale destacar que los elementos de prueba pueden ser más asimilables conceptualmente al término de "evidencias" de lo que al término de "indicios". No obstante, se suele tratar el término de "indicios" de manera alterna al de "evidencias" y se comete igualmente un error conceptual. Un uso alterno al de "indicios" aceptado mayoritariamente por la doctrina procesal es el de "vestigios": terminología que podemos encontrar en algunas leyes procesales latinoamericanas. En cambio, los indicios o vestigios son simplementes indicadores que permiten detectar las fuentes de pruebas, pero que no necesariamente tienen que ser elementos de pruebas. Es por eso que el perito al personarse e inpeccionar el lugar del suceso lo primero que hace es buscar indicios o vestigios y, a partir de ahí, detecta las fuentes de pruebas y extrae de ellas los elementos probatorios o evidencias que introducirá mediante los medios de prueba al proceso penal. En la cotidianeidad se suele usar indistintamente ambos términos (elementos de prueba e indicios), pero debemos reiterar que no debe ser así, pues existen diferencias conceptuales importantes. Una última distinción que queremos destacar por ahora es la existente entre *diligencias* y *actos de investigación*, pues erróneamente se suele usar también estos conceptos indistintamente. Los actos de investigación es un concepto que desborda en amplitud y sentido lógico y jurídico-procesal al de diligencias. Las diligencias son pequeñas y meras tramitaciones que se realizan en el marco de realización de los actos de investigación y en todo el proceso penal. Así, una diligencia puede ser, a modo de ejemplo, una solicitud de permiso, el envío de un documento para que sea firmado por quien corresponde, etc. Es decir, las diligencias son meras actuaciones administrativas de menor trascendencia procesal en comparación con los actos de investigación. Esta distinción la traemos a colación aquí porque es posible encontrar leyes procesales en las que se utiliza el término "diligencia" en lugar de "actos de investigación" y ello no debería suceder.

Los actos de investigación sólo pueden ser ejecutados por las autoridades pertinentes bajo el imperio del principio de legalidad. La ciudadanía, las instituciones no gubernamentales y hasta las partes mismas y sus representantes pueden realizar actos de investigación, pero éstos no serán legitimados si no están avalados por algunos de los sujetos que establece la ley (dígase peritos designados para el proceso penal concreto, la policía u otras unidades de investigación). Así, todo acto de investigación realizado de manera ilegal no surtirá los efectos jurídicos pretendidos. No obstante, existen excepciones a la regla general de los actos de investigación, precisamente por la vigencia de normativas permisivas que así lo establecen. Excepcionalmente también los actos de investigación pueden devenir al mismo tiempo en actos de prueba si la ley lo permite. Ejemplos evidentes son las pruebas preconstituidas, los actos de investigación desarrollados en presencia del juez de instrucción y/o aquellos actos de investigación desarrollados durante el juicio oral por mandato y en presencia del juez.

1.1. Los actos de investigación

Los actos de investigación son aquellos que tienen por finalidad investigar sobre el hecho acontecido y sus particularidades. Usualmente se tiende a confundir los actos de investigación con actos de prueba; lo cual no debe ser, porque mientras los actos de investigación tienen como fin investigar y acrditar una realidad (hecho delictivo, circunstancias y autores del mismo) los actos de prueba son actos meramente procesales que procuran introducir los resultados de los actos de investigación ante las autoridades pertinentes para su apreciación y conformación de una convicción probatoria.[50] En algunos ordenamientos jurídicos se denominan a los actos de investigación de diversas maneras. Un ejemplo son las llamadas "acciones de instrucción". No obstante, atendiendo a su naturaleze forense-criminalística no dejan de ser actos de investigación y es desde esa perspectiva que las valoraremos en esta obra.

En sentido general los actos de investigación difieren de un ordenamiento jurídico a otro y ello se debe, entre varias razones, a la manera en que se diseña el andamiaje político-jurídico de protección de los derechos humanos y la capacidad defensiva del acusado en el proceso penal. No obstante, en Iberoamérica es muy común que se regule como actos de investigación fundamentales a saber:

- la inspección en el lugar de los hechos
- reconstrucción de los hechos,
- peritajes (cuerpo del delito),

---

[50] Este tema de los actos de prueba será estudiado más detalladamente en la segunda parte de este capítulo.

- reconocimiento del detenido,
- detención del sospechoso y su aseguramiento,
- declaración del acusado y de los testigos,
- careo de testigos y de acusados,
- entrada y registro en lugares públicos y privados, así como en naves y aeronaves extranjeras;
- registro de libros, documentos privados
- retención y apertura de correspondencia escrita, cablegráfica, digital y telegráfica.

1.1.1. La inspección en el lugar de los hechos.[51]

La inspección en el lugar de los hechos es uno de los actos de investigación más importantes. El lugar de los hechos al que se refiere este acto de investigación y que trataremos aquí en esta obra es aquel espacio físico donde ha ocurrido un suceso presuntamente delictivo que será intervenido por los agentes de investigación (policías, peritos, etc). Forman parte del lugar del suceso las vías de acceso y salida, zonas adyacentes, vehículos y

---

[51] En esta obra no abordaremos de manera detallada cada uno de los actos, pues nuestro objetivo aquí es simplemente mencionarlos para que el lector pueda establecer la relación entre el dictamen pericial y los actos d einvestigación. Sobre esta relación hablaremos al final de este capítulo.

demás medios de transporte utilizados para la llegada o la huida del o los autores del delito, entre otros.[52] Al tenerse noticias de la ocurrencia de un hecho que revista los caracteres de delito las autoridades policiales deben personarse en el lugar del suceso para iniciar su inspección. La primera tarea o fase en este proceso de inspección es la preservación de dicho lugar.[53] Para que dicha preservación sea efectiva las autoridades que inspeccionarán el lugar deberán presentarse allí en el más breve periodo de tiempo posible desde que se tenga noticias de dicho evento para evitar que la manipulación del hombre y otros factores ambientales y geográficos contaminen la escena del crimen y eliminen los posibles elementos de pruebas que puedan ser detectados. Durante la preservación del lugar del suceso se deberá señalizar todos los indicios posibles que permitan localizar las fuentes de pruebas a examinar.

---

[52] GRUPO IBEROAMERICANO DE TRABAJO EN LA ESCENA DEL CRIMEN (GITEC): *Manual de buenas practices en la escena del crimen*. 2da edición. Instituto Nacional de Ciencias penales. Ciudad de México, Mexico. 2012.P. 16.
[53] Previamente las autoridades deberán indagar sobre datos relevantes como hora, condiciones atmosféricas en el lugar del suceso, la existencia de víctimas y otros aspectos que por su relevancia deben quedar registrados.

Entonces se marcarán esas localizaciones para orientar al resto de peritos en la ubicación de las mismas y, al mismo tiempo, se restringirá el acceso a curiosos y todo el personal ajeno a las labores pertinentes a la inspección del lugar.

Una vez preservado el lugar del suceso se procederá a una segunda etapa o fase referida a la recopilación de la información preliminar. En esta fase el objetivo es obtener toda la información relativa al suceso por parte del personal técnico-científico, antes de iniciar la inspección técnico ocular propiamente dicha, desde el momento en que se tenga conocimiento del hecho delictivo (llamada o aviso), e *in situ*, todo lo que aporten testigos, víctimas e incluso autores detenidos, así como las propias unidades policiales y otros cuerpos asistenciales concurrentes. Con ello se pretende saber cómo se han sucedido y desarrollado los hechos y, de esta forma, orientar la inspección técnico-científica y los medios humanos y técnicos por emplear.[54]

---

[54] Tomado de GRUPO IBEROAMERICANO DE TRABAJO EN LA ESCENA DEL CRIMEN (GITEC): ob. Cit. P. 24.

Una tercera fase estará encaminada a establecer la extensión real de la escena del crimen; planificar el trabajo a realizar en el lugar del crimen determinando, además, los materiales técnicos y recursos personales y las áreas de salida y acceso a la escena del crimen.

En la cuarta fase de la inspección se persigue registrar de manera general dónde y cómo se encuentra el lugar de los hechos y dejar constancia formal y oficial de tal situación, con vistas a los actos procesales y judiciales posteriores. También se pretende conocer y aplicar los métodos de fijación necesarios en la escena que se investiga.[55]

La quinta fase de la inspección tiene como objetivo la búsqueda y tratamiento de los indicios. En esta etapa se pretende identificar los métodos de búsqueda de evidencias en el lugar de los hechos que permitan un adecuado manejo de la escena; buscar técnicamente las evidencias que forman parte de la escena, aplicando los métodos técnicos necesarios para tal fin; asegurar, proteger y preservar las evidencias halladas en la escena del

---

[55] *Ibídem.* P. 27.

crimen; recolectar técnicamente las evidencias de acuerdo con sus características conjuntamente con la documentación fotográfica, así como su ubicación planimétrica en la escena; aplicar la clasificación de las evidencias para lograr la adecuada preservación y embalaje al igual que el manejo de la cadena de custodia.

1.1.2. Reconstrucción de los hechos.

La reconstrucción de los hechos, como se infiere de su nominación, consiste en la reproducción de los actos ejecutados y la recreación de sus circunstancias en la forma más fielmente posible.[56] El objetivo de la reconstrucción de los hechos es comprobar y precisar determinados aspectos del mismo. Este acto de investigación, también acción de instrucción, es importante porque posibilita entender la lógica de la ocurrencia de los sucesos y su explicación. También permite destacar aspectos desapercibidos u olvidados por los especialistas y detectar nuevas fuentes de pruebas.

---

[56] Ley 5/97. Ley de procedimiento penal de la república de Cuba. Artículo 133.

Un aspecto a tener en cuenta de la reconstrucción de los hechos es que, a diferencia de otros actos de investigación, requiere de la presencia de testigos para que tenga efectos jurídicos. Frente a estos el especialista podrá realizar diferentes técnicas de fijación, así como todas las actividades que estime conveniente para lograr su finalidad. No obstante, existen dos limitaciones esenciales a saber: la legalidad y los derechos de las personas.

En lo que respecta a la legalidad debemos destacar que conforme a ésta se exige la observancia y obediencia estricta y absoluta de la ley durante la realización de este acto de investigación o, de lo contrario, podrían declararse nulos sus efectos jurídicos procesales (valor probatorio). Ya en el ámbito de los derechos de las personas destacaremos la presencia de las víctimas durante la reconstrucción de los hechos. La limitación en lo que a ello respecta deviene en que no pueden menoscabarse los derechos de la víctima ni obligarla a realizar o presenciar actos en contra de su voluntad; especialmente si pudieran afectarla psicológicamente. De esta manera, la participación de la víctima en la reconstrucción de los hechos será requerida solo si es imprescindible.

1.1.3. Peritajes (cuerpo del delito).

En sentido general los peritajes se comprenden como el *proceso que se inicia a partir de una solicitud de una autoridad legalmente competente en el que un experto o grupo de expertos en una especialidad determinada desarrollan actos (pericias) que se suceden en el tiempo con un orden lógico y fundamentación científica siguiendo una finalidad mediata.*

De esta definición básica antes expuesta se infieren las características generales de todo peritaje a saber:

1-*carácter procesal*: Visto desde su fenomenología, el peritaje es un proceso porque conlleva una secuencia de actos interrelacionados y es tendiente a un fin determinado, independientemente de la finalidad inmediata de cada acto. Además, adquiere esta característica de proceso porque requiere de un tiempo transcurrido desde su inicio y hasta su final para poder considerarse completado. Esto quiere decir que el peritaje, en tanto proceso, no se agota con un solo acto.

En las ciencias jurídicas se debate mucho si realmente el carácter procesal del peritaje viene dado también porque se se manifiesta dentro de un proceso (ya sea penal, civil, administrativo o de otra naturaleza). Al respecto existen dos criterios contrapuestos a saber: Por un lado, los que consideran que *no se concibe un peritaje fuera de los marcos de un proceso* y, por otro lado, los que consideran que *realmente es posible que se practique un peritaje en el ámbito del Derecho y con efectos jurídicos sin necesidad de recurrir a un proceso fundamentado en la contradicción de partes.* El primero de estos criterios se fundamenta en que el peritaje procura fijar la verdad entre dos versiones contensiosas introducidas por las partes en el proceso. En tal sentido si no hubiesen estas versiones ni necesidad de fijar una verdad o demostrar un hecho tampoco hubiese necesidad de otorgarle efectos jurídicos (valor de medio de prueba) a un peritaje. Conforme a este segundo criterio se considera que el peritaje puede ser utilizado, en el ámbito del Derecho, en otros aspectos que no necesariamente impliquen enfrentamiento de partes. Es decir, que no siempre se requiere de un proceso contensioso para que se solicite un peritaje y se le otorguen efectos jurídicos como lo es el valor probatorio. Aquí lo que se esgrima es que el peritaje, más allá de acreditar una realidad, lo que resuelve es eliminar en lo posible toda duda existente en una autoridad determinada a tomar una desición de relevante consecuencias jurídicas. Esta autoridad puede ser un juez, pero también puede ser un notario quien ha solicitado un peritaje para tener la certeza de que el documento o la firma presentados ante él en un procedimiento consensual son auténticos.

Manejamos la opinión de que realmente ambos criterios son válidos y relativos. Sin embargo, nos inclinamos más hacia la segunda postura por encerrar una visión más amplia y futurista de la funcionalidad del peritaje.

2- *Solemnidad*: Todo peritaje criminalístico requiere de una previa solicitud para poder ser ejecutado. Esto significa que se requiere que una autoridad competente o persona autorizada y pre-establecida por la ley solicite el peritaje frente a otra autoridad encargada de emitir su aprobación. Durante la solicitud el sujeto actor deberá fundamentar la necesidad del peritaje para el caso concreto. Esta solicitud a la que hacemos mención requiere, a su vez, de ciertas formalidades como son el tiempo y el modo o forma. Con esto queremos significar que la solicitud del peritaje no es espontánea. De acuerdo al principio de *preclusión procesal*[57] los actos procesales deben ser realizados en los términos que establece la ley o de lo contrario podrían quedar sin efectos jurídicos. Es así que la solicitud del peritaje tiene su momento procesal oportuno prefijado en la ley de trámites correspondiente. De no ser presentado en el momento requerido no se admitiría; pero la propia ley, fundamentando siempre la necesariedad del peritaje, establece regularmente varios momentos o fases del proceso en los que se puede solicitar el peritaje por distintos sujetos procesales. Así, durante la fase preparatoria el instructor de la policía puede solicitar el peritaje directamente al igual que el fiscal que tendrá el control de esta primera etapa administrativa.

Durante el juicio oral las partes pueden solicitar al juez la práctica de algún peritaje y, de igual forma, el juez puede ordenarla sin necesidad de que las partes lo soliciten previamente. Entre algunos de los procesos y procedimientos en los que no se admite la solicitud de peritajes se encuentran, a modo ejemplo, los procesos de casación por quebrantamiento de ley y/o de forma y los procedimientos de revisión de sentencia.

Ahora bien, en lo que respecta al modo en que se solicita el peritaje rige la escritura. No obstante, durante el juicio oral las partes pueden hacer dicha solicitud de forma oral siempre que quede registrada dicha pretensión en el acta del juicio y esté firmado posteriormente por las partes y el secretario del juicio que ha redactado el acta.

3- *intervención humana*: el peritaje, por su propia naturaleza, sólo puede ser ejecutado por seres humanos. Aunque esta característica parece obvia realmente no lo es. Existen peritajes de alta complejidad donde intervienen animales y ello causa gran confusión y controversia en el sector forense y jurídico. Un ejemplo antonomástico es el peritaje odorológico. En este tipo de peritaje el sensor por excelencia es el olfato canino y es precisamente el can o perro de Odorología quien discrimina los olores mediante su capacidad olfativa estableciendo la correspondencia entre la muestra de olor tomada al sospechoso y aquella huella de olor levantada en el lugar del suceso.[58] Lo importante aquí es que el perro es simplemente un instrumento sensor, pero quien analiza y realiza el peritaje es el odorólogo forense. Ello se debe a que el perro discrimina los olores guiado por su instinto de olfato mientras que el hombre valora y analiza los resultados guiado por su racionalidad. Otros sujetos relevantes en el peritaje son aquel que lo solicita y la autoridad que lo autoriza; pues tanto la solicitud como la autorización son actos de voluntad que sólo pueden estar precididos por la voluntad humana y el imperio de la ley.

4- *Legalidad*: es precisamente la legalidad una de las características de todo peritaje, pues ninguno puede ser realizado sin la absoluta observancia y respeto a la ley. Casi todos los códigos

---

[58] AGUILAR AVILÉS, DAGER: *Odorología Criminalística. Qué es?*. Ed. Honoris American-project. Estados Unidos. 2016. P.34-52.

latinoamericanos, sino todos, establecen que los elementos de pruebas introducidos en el proceso penal obtenidos mediante actos contrarios a los que estipula la ley serán declarados nulos. Por estas razones no podrán ser tomados en cuenta por el tribunal para formar su convicción judicial ni fundamentar la sentencia. En caso de que el tribunal de instancia no aprecie esta observación las partes podrán recurrir a un recurso de casación por quebrantamiento de Ley.

5-*calificación*: el sujeto que realiza el peritaje no es un sujeto cualquiera. Se requiere para ello que sea un experto en la materia que va a peritar. Para ser designado como experto, a los efectos procesales, no basta con que se demuestre la capacidad del perito sino que dicha habilidad y conocimiento debe estar reconocida por el Estado. Es precisamente a este reconocimiento que otorga el estado a lo que se denomina *calificación*. Como ya hemos visto anteriormente en esta obra, la calificación puede ser otorgada de varias maneras. Generalmente ésta se confiere mediante la titulación oficial de experto o especialista en un tema determinado por parte de las instituciones universitarias estatales o privadas[59], así como el otrorgamiento de un premio o reconocimiento especial por la experiencia adquirida en una especialidad.[60] Otras veces el reconocimento estatal se evidencia mediante el registro o cadastro del experto en un gremio determinado. Por ejemplo, estar inscrito en un colegio de abogados o la sociedad nacional de peritos u otra asociación similar. De esta manera, para ser perito calificado se requiere muchas veces contar con un carnet profesional emitido por algunas de estas asociaciones. Otras veces se exige a los expertos, como forma de demostrar la calificación, que posean una licencia específica; es decir, portar un permiso para ejercer su especialidad o manipular determinados productos e instrumentos. Aquí en Europa, por ejemplo, se exigen simultáneamente casi todas estas condiciones para poder acceder como perito a un proceso penal.

6- *objeto determinado y posible*: Todo peritaje tiene un objeto determinado y posible. Esto significa que

---

[59] Siempre que cuenten con la acreditación y autorización del estado para otorgar titulaciones.
[60] Ejemplo de ello pueden ser los premios nacionales y reconocimientos por trayectoria en un campo determinado.

recae sobre hechos y no sobre conjeturas. El análisis criminalístico no se circunscribe estrictamente al hecho propiamente dicho, sino también a todos los objetos y circunstancias concomitantes a ese hecho. Por eso, el "hecho"al que se hace referencia en el ámbito criminalístico y procesal penal no es un hecho estricto sino un cúmulo de acciones, sucesos y circunstancias concatenadas que directa o indirectamente dieron lugar a un resultado o situación (el delito). Es de esta manera que cuando hacemos referencia a la determinación del objeto del peritaje desde una perspectiva objetiva o materialista aludimos a la aprehensión o localización de todos aquellos indicios, fuentes de pruebas y evidencias que resultan perceptibles por los sentidos humanos y que serán examinados por los expertos. Sin embargo, cuando hacemos referencia a la determinación del objeto del dictamen pericial desde una perspectiva subjetiva aludimos a la definición de lo que se pretende examinar con dicho peritaje. Nótese que hacemos referencia a la determinación de los límites del peritaje y no a los objetivos del peritaje, pues se trata de temas diferentes. De esta manera, desde esta perspectiva subjetiva, el perito determina qué es lo que va a examinar, o sea, sobre qué recaerá su peritaje. Por estas razones la doctrina define la determinación del objeto del peritaje desde esas dos perspectivas antes enunciadas (objetiva y subjetiva). Lo importante aquí es tener en cuenta de que ambas perspectivas no son antagónicas sino que se relacionan al punto que en la práctica resulta muy difícil distinguirlas. El perito y su equipo a la hora de determinar el objeto del peritaje primero determinan subjetivamente y luego objetivamente.

Ahora bien, en lo que respecta a la posibilidad debemos destacar que el objeto del peritaje debe ser posible; es decir, alcanzable por el perito. Muchas veces se dice erróneamente que basta con la existencia del objeto del peritaje para que éste se considere posible. Realmente no es así porque para que el objeto del peritaje sea posible debe existir y además ser accesible para el perito. Así se comprende que la posibilidad del objeto del peritaje también tiene dos vertientes a saber: *objetiva* y *funcional*. La vertiente objetiva está determinada por la existencia o expresión en el plano físico del objeto del peritaje; es decir, tiene que estar manifestado para poder ser examinado. En cambio, la vertiente funcional establece que la posibilidad se expresa también en la accesibilidad del perito al objeto a peritar, pues no basta con que el objeto exista si el perito no tiene las condiciones creadas para actuar sobre él para su examen y análisis.

7- *Orden lógico*: Como bien explicamos anteriormente, el peritaje es un conjunto de actos que se suceden en el tiempo y son tendientes a un fin mediato. Estos actos que conforman el peritaje están ordenados por medio de regulaciones legales y un conjunto de solemnidades o formalidades que los dotan de coherencia y los concatenan entre sí. Al mismo tiempo existe una lógica que rige y da coherencia a este orden. Nos referimos a la utilidad de cada acto que realiza el perito y los intervinientes en el peritaje con respecto con el acto sucesor, pues cada acto tributa al acto siguiente y todos tributan en general a una finalidad mediata. De esta manera el proceso de peritaje se expresa como una unidad de actos relacionados entre sí concatenados por una relatividad lógica. Con ello queremos significar que la omisión de un acto o la deficiencia en la ejecución de este puede afectar todo el peritaje en general.

8-*Fundamentación científica*: el peritaje criminalístico tiene una base científica y por ello es una verdadera declaración de ciencia. Ello se debe a que se fundamenta en precisiones exactas y demostradas conforme a las leyes de comportamiento, principios y metodología de las ciencias utilizadas para su realización. Cuando el peritaje es informado en el juicio oral el perito debe argumentar científicamente su proceder durante la realización del peritaje y demostrar el rigor científico de sus conclusiones. Eso es importante porque es la herramienta principal del juez para fundamentar posteriormente la valoración del informe pericial como prueba.

10-*Finalidad mediata*: la finalidad es un elemento esencial en el peritaje porque todo peritaje procura un fin común a saber: acreditar una verdad y contribuir a la formación de la convicción judicial a partir del aporte de elementos ciertos y análisis lógicos respecto a los hechos objetos del proceso, sus circunstancias concomitantes y partícipes. Cada pericia que conforma al peritaje tiene una finalidad inmediata que tributa a la finalidad de la pericia siguiente y es precisamente la relación funcional entre cada fin inmediato de cada pericia con respecto a la finalidad mediata la que da el carácter de relatividad y procesalidad al peritaje.

El peritaje puede ser de varios tipos, de acuerdo a la especialidad tratada. En tal sentido y de acuerdo con todo lo anteriormente expuesto, los elementos del peritaje son:

- *Solicitante*: sujeto quien solicita el peritaje teniendo la capacidad legal y jurídica para ello. Puede ser una persona natural o jurídica, ambas o un grupo combinado de personas naturales y jurídicas.

- *Autorizante*: sujeto que autoriza teniendo la capacidad legal y jurídica para ello. Puede ser el juez u otra autoridad como el fiscal, el policía instructor durante la fase preparatoria o simplemente un notario en el ámbito civil.

- *Objeto de peritaje*: hecho delictivo, circunstancias concomitantes, sujetos y objetos concatenados a él que serán examinados y analizados por los efectos forenses en aras de acreditar la verdad del suceso e informar a las autoridades concernientes al caso concreto.

- *Actividad pericial*: es el conjunto de actos o acciones que se realizan en función de los fines inmediatos y mediatos trazados antes y durante el peritaje. Estos actos son los que se conocen coloquialmente como "actos periciales" o "pericias".

- *Finalidad*: se entiende por ella todos los objetivos o metas trazadas. Es decir, todas aquellas pautas que deberán ser resueltas por el peritaje en función de acreditar la verdad y contribuir efectivamente al proceso de formación de la convicción judicial.

Ahora bien, en el marco del peritaje se generan relaciones de diversas naturalezas entre el solicitante, el autorizante y el experto o perito. Si analizamos el carácter jurídico de algunas de estas relaciones, por ejemplo, notaremos que desde el inicio del peritaje surgen complejas situaciones de poder-deber entre el autorizante y el perito, así como entre el Estado y el autorizante por cuanto el autorizante puede exigir al perito determinados comportamientos, informaciones y calidad de servicio, pero al mismo tiempo está obligado a ofrecerle las condiciones mínimas para garantizar el despliegue seguro de la actividad pericial. En tal sentido, el perito estaría en situación de poder respecto al autorizante al tener la facultad de exigirle dichas condiciones de trabajo y seguridad. De igual manera el Estado está en una situación de poder respecto al autorizante en cuanto posee un conjunto de leyes, normativas y principios jurídicos que obligan al autorizante a velar preferentemente por los intereses del Estado y observar toda las directrices que éste dicte respecto al caso concreto por medio de sus instituciones (siempre y cuando no vulnere o quiebre la independencia del poder judicial y la libertad de disernimiento y valoración del juez en el caso concreto). Resulta loable destacar que todas estas relaciones están debidamente reguladas por medio de distintas disposiciones legales.

Por su parte, las relaciones criminalísticas se establecen entre los propios peritos y el objeto del peritaje. Esto se expresa mediante el contacto directo con ese objeto de pericia en el proceso de investigación y análisis. Pero también se expresa en el proceso de análisis conjunto entre los intervinientes en el peritaje. De esta manera la relación criminalística, si bien que no se fundamenta en situaciones de poder-deber, sí implica una conexión indiscutible entre el perito, el objeto del peritaje y los restantes sujetos que intervienen en el proceso del peritaje. Las relaciones criminalísticas expresadas indisolublemente entre el perito y el objeto del peritaje se manifiestan a partir de que el perito o experto adquiere derechos reales y de preferencias sobre el objeto del peritaje. De esta manera gana la exclusividad de tenencia, posesión y dominio (aveces también propiedad) sobre todos los objetos ocupados y/o sometidos a su examinación. Aquí debemos destacar que los derechos reales adquiridos no son absolutos pues, como bien se evidencia, no incluyen el uso y el usufructo de esos objetos materiales e inmateriales porque se poseen solamente con fines investigativos y no recreativos o de explotación. Muchas veces tampoco incluyen la propiedad.[61] Estos derechos del perito sobre el objeto del peritaje tampoco son adquiridos permanentemente por cuanto la vigencia de éstos cesa en cuanto termine la peritación; o sea, en cuanto culmine la investigación o examinación de los mismos. Durante ese proceso de peritaje la relación criminalística adquiere entonces los llamados efectos *erga omnes*. Ello significa que los derechos adquiridos por el experto sobre el objeto de investigación son oponibles a terceros y, por ende, cualquier persona en la sociedad (salvo que la ley disponga otra cosa) debe abstenerse de limitar, obstaculizar o quebrantar dicha relación. Otro aspecto muy importante a tener en cuenta es que la finalidad de dichos derechos reales adquiridos por el perito durante el peritaje son exclusivamente de investigación, por lo que no pueden fundamentarse estos derechos con fines lucrativos o de explotación

---

[61] Existen excepciones como lo son la configuración de la confiscación de los bienes en favor del Estado en procesos iniciados por determinados delitos. No obstante reiteramos que esta situación es una excepcionalidad que se evidencia más en los países de corte socialista y comunista.

para satisfacción de necesidades personales o grupales.

En lo concerniente a las relaciones forenses debemos destacar que por éstas se comprenden aquellas que se establecen en el foro judicial. Muchas veces se tiende a confundir las relaciones criminalísticas con las relaciones forenses y ello conlleva, en el menor de los casos, a una incomprensión de la fenomenología que encierra la relación entre el perito, el tribunal y las partes en el proceso penal, así como las consecuencias procesales de dichas relaciones. Es por ello que consideramos necesario abordar de manera resumida este aspecto en esta obra. El término *forense* proviene del vocablo latino *forensis* que significa "público y manifiesto".[62] Así, en Roma este término fue conocido como *Forum* y hacía referencia a las plazas y mercados públicos evolucionando hasta nuestra lengua actual bajo el término "foro". Partiendo de la idea de que en la

---

[62] BADILLO JORGE: *Definición de los términos forense y Auditoría forense.* (parte 3/12) . publicado por *Auditoría forense.* Obtenible en http://www.vhgconsulting.com/auditoria-forense-3/ .consultado el 17 de julio de 2017 a las 14:05 horas. Varsovia, Polonia.

antigua Roma los juicios muchas veces eran celebrados públicamente en dichas plazas no resulta desacertado suponer que el término "forense" se haya ligado cada vez más a la actividad judicial en los espacios públicos. De ahí que paulatinamente se apellidaran de "forense" a todas aquellas actividades que implicaban un soporte a la actividad judicial. Con esta idea queremos significar que las relaciones forenses son aquellas que se establecen entre los peritos responsables de la realización del peritaje y la actividad judicial aplicado al caso concreto. Este tipo de relaciones implican también la relación del perito con las partes procesales. El rasgo antonomástico de este tipo de relaciones es el carácter utilitario del peritaje respecto a la actividad judicial; de manera que cada acto e interacción entre el perito, las partes procesales y el tribunal mismo constituyen un soporte a la misión judicial por la que fue convocado en su momento el peritaje.

Ahora bien. El tema de las relaciones jurídicas, criminalísticas y forenses es bastante complejo. No obstante, destacamos que el carácter de dichas relaciones (jurídico, criminalístico, forenses) no es excluyente, pues casi siempre se religan cada vez que se manifiestan al punto que a veces es difícil distinguirlas. Lo importante aquí es tener en cuenta que, independientemente del carácter de cada relación manifiesta durante la realización del peritaje, las relaciones establecidas entre el perito, las partes procesales, el tribunal y con el objeto del peritaje son relaciones sociales concretas atendiendo a los sujetos o elementos que se situan al extremo de cada relación. Es por estas razones que cuyo estudio no deja de ser importante para las ciencias sociales. Otro aspecto que debemos destacar al respecto es que en todas estas relaciones el perito o experto constituye un elemento esencial y su posición en este tipo de relación con respecto al otro extremo, así como los efectos que acarrea dicha interacción es lo que permite determinar sin duda alguna el carácter y naturaleza de la misma.

De lo abordado hasta aquí se comprende que el peritaje no es un medio de prueba sino un acto de investigación de relevante importancia para la actividad probatoria porque mediante este proceso se analizan los indicios, localizan las fuentes de prueba, se extraen los elementos de pruebas y se analizan las circunstancias para, con una fundamentación lógica y científica, acreditar una realidad, una verdad y contribuir al proceso de formación de la convicción judicial y la aplicación de un fallo justo.

Por último, quisiéramos referirnos al "cuerpo del delito". Cuando se utiliza el término "cuerpo del delito" no se hace referencia a la personalización metafórica del delito, tal como sucede con la teoría de la ficción jurídica[63] sino que se hace alusión *al conjunto de elementos objetivos que constituyen la materialidad de la figura delictiva descrita*

---

[63] La teoría de la ficción jurídica establece una equiparación entre las empresas y las personaas naturales en el ámbito jurídico al otorgarle a éstas últimas facultades y características propias de las personas naturales. De esta manera se hace posible la exigencia de responsabilidad civil y penal por actos cometidos por sus representantes durante el ejercicio de dicha representación. Este es un tema bastante discutido en el ámbito del Derecho civil porque se considera que realmente las personas jurídicas no pueden ostentar derechos personalísimos o inherentes a la personalidad humana. En el Derecho Penal este tema también ha sido muy controversial aunque en menor medida que en lo civil y lo laboral.

concretamente por la ley penal.[64] Este es un concepto muy importante a los fines forenses porque en realidad el cuerpo del delito traza las primeras pautas de la acción pericial. Es decir, establece el eje, enfoque o la dirección que debe seguir la actividad pericial y le sirve de guía. La explicación es muy sencilla; pues si el cuerpo del delito son los elementos objetivos o materiales que conforman la figura delictiva bastaría la demostración de la existencia de éstos para probar que el hecho delictivo ha acontecido en la realidad. Por consiguiente, el peritaje debe ir enfocado a la recopilación de estos elementos materiales u objetivos descritos por la figura delictiva para demostrar que el hecho investigado realmente es un delito. Es de esta manera que se va fijando también la objetividad del peritaje. Por estas razones antes señaladas el cuerpo del delito se identifica de tres formas diferentes a saber:[65]

---

[64] Semanario judicial de la Federación, primera sala. Septima época, Volumen 58, 2da parte .Página 57. Obtenible en https://sjf.scjn.gob.mx/SJFSist/Documentos/Tesis/236/236047. pdf consultado el 17 de julio de 2017 a las 17:15horas. Varsovia, Polonia.
[65] Tomado de VELASCO DE LA FUENTE, PAZ: *¿Qué es el cuerpo del delito?* Publicado en Criminología y criminalística (página de referencia de la Academia Internacional de Investigadores

a) El *corpus criminis*: Es la cosa o persona sobre la que se han ejecutado los actos que la ley tipifica como delito por parte de otro sujeto. Sería el cuerpo o el cadáver de la víctima (asesinato u homicio), el bien mueble objeto de hurto o robo (joyas, una obra de arte), un inmueble usurpado o incendiado, etc. (sujeto pasivo-objeto material). Es el objeto directo de la acción delictiva.

b) El *corpus instrumentorum*: Son aquellos medios o instrumentos que utilizó el presunto autor para facilitar la comisión del hecho delictivo. Un arma de fuego, una cuerda, un cuchillo, veneno, el coche con el que se produjo el atropello, etc.

c) El *corpus probatorium*: Son las llamadas piezas de convicción (rastros, incidios, huellas y restantes elementos de pruebas) que fueron dejados por el imputado en la escena del crimen durante el acto delictivo.

---

forenses)obtenible en el sitio web bhttp://criminologiaycriminalisticafb.blogspot.com/2015/02/que-es-el-cuerpo-del-delito.html consultado el 17 de julio de 2017 a las 21:55horas.

En resumen queremos significar que el peritaje tiene, entre otras funciones, la misión inmediata de recopilar todo el cuerpo del delito para acreditar su ocurrencia y, a partir de ahí, la identificación de los ejecutores del mismo y sus grados de participación.

1.1.3.1. Especial referencia a la cadena de custodia.

El significado del término "cadena de custodia" se desprende de la propia lógica de su nominación. En un primer momento la palabra *cadena* nos gesta la idea de una secuencia de elementos concatenados que determinan una extensión (eslabones). Es decir, que describen un inicio y un fin. De igual forma, el término *custodia* nos sugiere la idea de cuidado, protección o salvaguarda de algo que se nos ha recomendado a tales fines.

Esta terminología metafórica es empleada en sentido similar en la Criminalística y restantes ciencias forenses. Mientras que en una cadena normal (tal y como la ideamos en nuestra mente) los eslabones están anexados unos a otros formando una secuencia, ya en el ámbito criminalístico éstos serían comprendidos como actos realizados secuentemente describiendo una conexidad respecto a un fin mediato. Dicho fin evidentemente sería la custodia, protección o salvaguarda de algo que se le ha encomendado a una autoridad responsable de ello. O sea, una autoridad que responderá por la efectividad de ese proceso de custodia o salvaguarda. De esta manera se puede entender en el ámbito criminalístico la *cadena de custodia* como *el procedimiento controlado de protección y salvaguarda que se aplica a los indicios, evidencias materiales y elementos de pruebas relacionados con el delito, desde su localización hasta su valoración por los encargados de su análisis y que tiene como fin no viciar el manejo que de ellos se haga*.

De esta definición se desprenden los elementos esenciales de la cadena de custodia a saber:

- *Procedimiento controlado*: La cadena de custodia es un procedimiento de naturaleza administrativa- forense. Eso se debe a que los actos que componen este proceder no están concatenados de manera procesal y precididos exclusivamente por la voluntad humana como en los procesos, sino que se conectan conservando mayor independencia funcional y dialéctica entre ellos. Este es un tema bastante difícil de comprender, pero si tenemos en cuenta de que la cadena de custodia no debe ser vista como una unidad absoluta de actos y que entre éstos la independencia es mayor entonces la comprensión sería más fácil. Lo cierto es que la cadena de custodia, en tanto procedimiento, son un conjunto de pasos claros y precisos que se deben seguir para completar una tarea determinada. De ahí que su complejidad sea menor que la de los llamados "procesos".

- *Finalidad de protección y salvaguarda*: La finalidad de la cadena de custodia es proteger o salvaguardar algo. Ese "algo" es el objeto de la cadena de custodia. Con ello queremos significar que lo pretendido aquí es que el objeto de la cadena de custodia conserve las mismas propiedades desde que entre en custodia hasta que ésta termine.

- *Objeto determinado*: la cadena de custodia recae sobre "algo" determinado como su objeto de cusodia. Esto significa que el objeto de la cadena de custodia u objeto de custodia es aquello que se debe custodiar, proteger, salvaguardar. Por tanto, el objeto de custodia no podrían ser otra cosa que los indicios, evidencias o elementos de pruebas necesarios para los fines forenses en cada caso concreto.

- *Utilidad y funcionalidad*: La utilidad y funcionalidad responden a la pregunta ¿para qué sirve la cadena de custodia? La respuesta es sencilla; pues con ésta se evita que se mal manipulen los elementos de prueba en el proceso penal y se vicien los actos que conforman el peritaje y el proceso penal en general. Especialmente aquellos actos que implican la manipulación y análisis de los distintos elementos de pruebas. En la actualidad existe una tendencia a confundir la funcionalidad y utilidad de la cadena de custodia con su finalidad y, como hemos visto en este epígrafe, se refieren a cuestiones diferentes.

1.1.4. Reconocimiento y detención de los autores del delito.

En este acápite debemos iniciar destacando de que la libertad personal es uno de los más importantes derechos inalienables del ser humano. Por estas razones nadie debe ser detenido si no existen razones jurídicas y fundamentos legales de gran peso para ello. Generalmente la ley establece la posibilidad de detención en aquellos casos en los que se requiera del sujeto para la investigación criminalística en los marcos de un proceso penal determinado. De igual manera se procede a la detención cuando las circunstancias (aún en el marco de un proceso penal) aconsejen retener al sospechoso dada la posibilidad de que posteriormente no pueda contarse con su presencia en el proceso penal y ésta sea relevante para el desarrollo del mismo. Otra posibilidad de detención autorizada es cuando el sujeto es sorprendido en flagrancia (*in fraganti*) cometiendo el delito. En este último caso la detención puede realizarla cualquier persona o autoridad siempre a los fines de retener al sujeto autor del delito para informar a las autoridades pertinentes y entregarles al sujeto. Con ello queremos decir que nunca se admite la detención en flagrancia para ajustar cuentas con el detenido o tomarse la justicia por sus propias manos.

Ahora bien, en los supuestos de flagrancia la detención es fácil de comprender. Sin embargo, en los restantes casos se requiere una investigación previa para determinar acertadamente quién ha sido el autor del delito, si ha participado más de una persona y los grados de participación entre todos los participantes. Por eso, durante la fase investigativa del proceso penal se tiene como misión fundamental comprobar la ocurrencia del delito, por un lado, y, por otro lado, identificar a los partícipes. Esta necesidad de pesquisa es lo que justifica que teóricamente se determine la identificación y reconocimiento del detenido, incluso la detención con tales fines, como un acto procesal de investigación. La detención tampoco se puede realizar de manera arbitraria (con excepción de la flagrancia), pues la propia ley establece las formalidades a seguir para llevar a cabo la detención de un sospechoso y los límites existentes en el tratamiento del mismo. Un ejemplo claro lo es respetar su condición de ser humano y, al mismo tiempo, respetar la presunción de inocencia del encausado; así como las consecuencias procesales acarreadas por la vigencia de dicho principio.

Para la detención del sospechoso se requiere previamente su reconocimiento. Esto significa que no se puede detener a una persona como sospechosa de haber ejecutado un delito sin tener pruebas contundentes de ello o, al menos, evidencias que señalen significativamente su vinculación en la ejecución del delito. Con esta idea queremos explicar que no basta con armar el cuerpo del delito sino que, además, se debe también determinar su autoría, la relación de los sujetos autores, cómplices y partícipes; así como la identificación indubitada de éstos.

Para la identificación de los sujetos la Criminalística se fundamenta en la doctrina de que cada persona posee características que la singularizan del resto de los seres humanos (principio de identidad criminalística).[66] Por ello, siempre que se va a

---

[66] Conforme a esta teoría la identidad es el conjunto de características o particularidades que hacen que una persona o cosa sea sólo igual a ella misma y por lo tanto bastaría con demostrar estas particularidades para evidenciar que la

realizar todo un proceso de identificación de los autores del delito y reconocimiento de los detenidos los especialistas forenses se enfocan en detectar estas particularidades. Ejemplo de estas particularidades son las huellas dactilares, los olores corporales, el ADN, la voz, etc. Todo dictamen criminalístico debe incluir estas dos conclusiones : la demostración de los elementos de la figura delictiva (cuerpo del delito) y la identificación de los autores. Sólo con esas conclusiones demostradas el fiscal puede, sin problema alguno, fundamentar su acusación penal y pedir al tribunal que radique el atestado policial como causa procesal. No obstante, en el acto de juicio oral el informe pericial deberá incluir indiscutiblemente estos aspectos porque esa sería la única forma realmente contundente, a los fines de la formación de una convicción judicial, de que el fiscal destruya la presunción de inocencia de la que es investido legalmente el acusado.

---

persona identificada es la autora del delito o, al menos, ha participado o estado relacionada con el acontecimiento delictivo de alguna forma. Al respecto *vid*: ALBARRACÍN, ROBERTO: *Manual de criminalística*, Editorial Policial. Buenos Aires, Argentina. 1971. GUZMÁN, CARLOS: *Manual de criminalística*, Ediciones La Rocca. Buenos Aires. Argentina 2003.

Ahora bien, no se debe confundir la identificación y reconocimiento del detenido que se realiza durante la fase investigativa del proceso penal con el informe que al respecto brinda el perito en el acto de juicio oral; pues el proceso de identificación de los autores y su reconocimiento es un acto procesal de investigación mientras que el informe que brinda el perito al respecto en el juicio oral es un acto de prueba cuyo medio es precisamente el informe pericial.[67]

1.1.5. Aseguramiento del detenido

Con la comprobación de la ocurrencia del delito y la identificación de sus autores y respectiva detención termina la fase investigativa del proceso penal. Es a partir de entonces que comienza la fase instructiva. Ésta, como se infiere de su nominación, inicia con la instrucción del individuo sobre su nueva condición de encausado procesal y los derechos que como ser humano y ciudadano le asisten. Aunque no profundizaremos en esta etapa destacaremos aquí

---

[67] El tema referente a los actos de pruebas lo abordaremos más adelante en esta obra.

que es precisamente en este momento que el encausado puede nombrar abogado defensor. Se considera el acto de aseguramiento del acusado como un acto de investigación, precisamente porque la finalidad principal de este periodo es continuar confirmando la lógica que se desprende del análisis de los indicios y evidencias o elementos de pruebas obtenidos en el lugar del suceso. Es decir, se pretende investigar. El aseguramiento del encacusado es relevante a los fines investigativos porque permite confirmar o refutar todas las sospechas que sobre el sujeto se tiene. Esto se puede lograr mediante la ampliación de los peritajes ya realizados o la realización de otros nuevos peritajes; así como la realización de otros actos de investigación que requieren la presencia física del sospechoso. Un ejemplo puede ser el peritaje odorológico, el cual requiere de una muestra de olor del sospechoso (odorotipo) para ser cotejada con la huella de olor levantada en el lugar del suceso. Otro ejemplo es el *careo de acusados*, el cual permite enfrentar a unos acusados con otros y apreciar un conjunto de signos verbales, psicológicos y extraverbales que pueden ser útiles para los fines investigativos antes citados. Hasta aquí podemos concluir que: el aseguramiento del encausado es también un acto de investigación por cuanto procura seguir obteniendo información relevante para acreditar la verdad de los hechos y confirmar la identificación de los autores. También permite ampliar los peritajes, completar los ya iniciados y realizar otros actos de investigación que requieren la presencia física del sospechoso.

1.1.6. Declaración del acusado y de los testigos.

En materia jurídico-procesal se entiende como al acusado aquella persona contra la que se ha establecido una acusación formal ante un tribunal competente. De ello se infiere que el sujeto de quien se tiene sospechas al inicio del proceso penal transita por varios *estatus* procesales. En un primer momento es "sospechoso" porque no se tienen pruebas contundentes contra él como autor del delito. En un segundo momento sería "imputado" porque no se ha iniciado un proceso formal contra su persona; pero a partir de que el proceso se inicie y éste sea llamado a declarar y ser examinado se categorizará como "encausado". Como ya mencionamos, el encausado adquiere el estado de acusado cuando se formaliza la acusación y sólo cuando se dicta sentencia condenatoria contra él adquiere la categoría de sentenciado.

El término "declaración del acusado" se usa fundamentalmente para nominar el acto por el que se entrevista al acusado para que brinde oficialmente, a los fines procesales, su versión de los hechos objetos del proceso. Aunque este acto nominalmente se refiere al acusado engloba también, desde la perspectiva de acto de investigación, al detenido, imputado y encausado. Esta distinción es importante tenerla en cuenta porque desde una perspectiva jurídico-procesal este acto sólo tiene efectos realmente relevantes cuando se trata exclusivamente del acusado y no cuando éste aún tiene el *status* de imputado o encausado. Ello se debe a que el acusado ya es parte oficial en el proceso y ello tiene sus efectos jurídicos en cuanto la fijación del objeto del proceso penal. Sin embargo, reiteramos que como acto de investigación en cualquier estadio del proceso penal el interrogatorio realizado al protagonista del episodio criminal es relevante a los fines investigativos.

La declaración del acusado es un acto de investigación de gran importancia por cuanto permite obtener información directa de uno de los protagonistas del drama criminal. Ello posibilita indagar en detalles del caso que permiten la comprensión y narración lógica del mismo, al menos a los fines procesales. También la declaración del acusado permite, además de fijar el objeto del proceso al establecer los aspectos en los que debe limitarse el debate entre las partes, fijar los límites de la sentencia judicial. La naturaleza jurídica de la declaración del acusado es bastante controversial porque existen quienes consideran que ésta es un medio de prueba, otros consideran que se trata de un acto de defensa y hay quienes lo determinan como un acto de prueba. Lo cierto es que, independientemente de alguna de estas naturalezas, la declaración del acusado no deja de ser un mecanismo de investigación y por eso desde el ámbito y discurso forense- criminalístico la clasificamos como un acto de investigación.

La declaración de los testigos es otro acto de investigación muy similar al de los acusados. La diferencia deviene en que el tratamiento al testigo difiere de la del acusado porque éste último es parte procesal mientras que el testigo no. El acusado, además, está protegido por el principio de presunción de inocencia y el derecho a la defensa; lo cual acarrea consecuencias jurídicas que lo dotan de una posición especial dentro del proceso (incluso con respecto a su contraparte procesal).[68] Sin embargo, la declaración del testigo es también una via y oportunidad para indagar de manera efectiva sobre el suceso criminal.

1.1.6.1. El interrogatorio como técnica de aprehensión de información durante la declaración del acusado y los testigos.

Este epígrafe lo dedicaremos a una de las técnicas más usadas durante la declaración del acusado y los testigos. Hacemos referencia al interrogatorio.

---

[68] Un ejemplo de estas potencialidades son el hecho de que el acusado puede mentir sin que ello provoque consecuencias negativas hacia su persona y puede también cambiar su declaración cuantas veces estime pertinentes sin trascendencia procesal alguna mientras que con el testigo ocurre todo lo contrario.

El acusado durante sus diferentes *estatus* a lo largo del proceso penal se encuentra sometido a varios interrogatorios. El primero de ellos suele suscitarse cuando éste es apenas un sospechoso y los responsables del atestado policial requieren despejar las dudas respecto a su participación o no en el hecho que reviste caracteres de delito. Posteriormente, ya como imputado o encausado, puede ser sometido nuevamente al interrogatorio. Esta vez sería convocado por el órgano fiscal y por su representante legal o abogado defensor. Un último proceso de interrogatorio se establece sin duda alguna durante el juicio oral donde el acusado responde a las preguntas del tribunal, su abogado defensor y del fiscal. No obstante, el acusado siempre tiene la posibilidad de abtenerse de declarar o responder alguna de las preguntas.

A los efectos forenses el interrogatorio resulta de gran utilidad porque, con respecto a otras técnicas de aprehensión de la información como pueden ser las encuestas, permite mayor prontitud en los fines que persigue y resulta al mismo tiempo más loable para el análisis psicológico y extraverbal del interrogado. El interrogatorio siempre debe quedar fijado de alguna manera para que sirva de análisis posterior a las autoridades judiciales y como prueba de transparencia de la actividad realizada. Las formas de fijar el interrogatorio más comunes son mediante grabación de audio, grabación fílmica y por escrito. Otra formas menos usadas es la de utilizar presencia de testigos, aunque en algunas legislaciones se exige aún la presencia de éstos y de los representantes legales para que dicho interrogatorio tenga efectos jurídicos procesales. A continuación dejamos algunos consejos útiles para desarrollar el interrogatorio de manera efectiva y lograr los fines investigativos que se pretenden con ello:

1. Resulta importante el crear un estado de comprensión mutua entre el interrogador y el deponente. Esta comunicabilidad se logra preferentemente en una conversación a solas (aunque no tiene que ser exclusivamente así). Siempre recomendamos evitar el contacto con terceras personas al mismo tiempo que se desarrolla el interrogatorio en las condiciones antes planteadas, así como la interrupción de la sesión, la apertura frecuente de puertas, el llamar

o recibir llamadas telefónicas o activaciones de sonido de los celulares, los sonidos constantes como un goteo o ruido de la máquina de escribir, el teclear de la computadora, etc.

2. El interrogador debe despojarse de cualquier perjuicio moral, político, económico, de género y cultural y evitar que éstos le predispongan con el interrogado; pues debe mostrarse todo el tiempo comprensible y adsequible a él.

3. Desempeñar correctamente hasta el final la forma o técnica de interrogación que escoja.

4. No se sobreestime, pero tampoco subestime la inteligencia y astucia del deponente, pues debemos tener en cuenta que muchas personas están dotadas de inteligencia natural y el Interrogatorio es precisamente la confrontación de dos psiquis.

5. Se debe ser imparcial en el interrogatorio y evitar que los sentimientos de lástima o identificación con la situación del acusado nos lleven a sobreprotegerlo.

6. El interrogador siempre debe imponer la representación de la fuerza del Estado al cual representa.

7. No permitir que nuestras reacciones ante cada respuesta del interrogado evidencien nuestros verdaderos sentimientos u opiniones. Por ello se requiere una expresión hermética.

8. Domine sus impulsos, recuerde que, a menos que usted quiera demostrarse "impulsivo", si el interrogado logra sacarlo de sus casillas llevará la ventaja durante el Interrogatorio.

9. No se muestre dominante.

10. No realice conclusiones irreflexivamente.

11. Durante el interrogatorio no se recomienda prometer cosas que no se podrán cumplir. Ello puede predisponer al interrogado y obstaculizar el normal desarrollo del interrogatorio.

12. Nunca se debe distraer del rol de interrogador. No obstante, recomendamos que siempre dé a entender al interrogado de que el

objetivo que perseguimos siempre es aclarar algunos puntos de los hechos que nos resultan dudosos, pero sin obviar que quien tiene la información veráz es el interrogado. Por eso se recomienda mantener siempre una postura aparentemente imparcial en las preguntas y en el trato con el interrogado.

13. Interrogue con calma. En tal sentido no formule varias preguntas al mismo tiempo.

14. Escuche pacientemente las respuestas del interrogado y no limite sus respuestas ni le interrumpa durante su declaración.

15. Es importante que el interrogador tenga muy presente las características del lugar del suceso y las evidencias que tenga ya en su poder. Eso se debe a que al tener el conocimiento de estas circunstancias podrá enfocar mejor las preguntas y determinar mejor los aspectos a evaluar en cada respuesta.

16. No informe al interrogado sobre los datos o información que ya se posee, ni las estrategias a seguir después del interrogatorio.

17. Aproveche oportunamente cada descuido en el relato de quien depone. Esto es bien importante porque generalmente este descuido significa que el interrogado se encuentra distraído, nervioso o realmente está mintiendo. Es este el momento que el perito debe aprovechar para utilizar toda su capacidad psicológica y obtener del interrogado mayor información o, simplemente, desmentirlo a partir de sus propias incoherencias.

18. Toda la información obtenida durante el interrogatorio debe ser cotejada con los resultados de los demás actos de investigación para dar coherencia y armonía y lógica a la narración de los hechos declarados probados posteriormente.

19. Respete la integridad física, moral y condición humana del interrogado en todo momento.

20. Use un lenguaje sencillo y claro cuando formule sus preguntas y cuando explique alguna cuestión al interrogado para asegurarse de que comprenderá perfectamente la pregunta formulada.

21. Tenga presente sus puntos de vista. Aquí debemos tener muy claro que cada persona tiene puntos de vistas diferentes y ello puede manifestarse durante el interrogatorio. Por ello es importante analizar la plataforma o ambiente social del interrogado para comprender por qué piensa de una forma y no de otra; por qué concibe algunos fenómenos de una forma y no de otra.

22. Es importante ilustrar al interrogado de las consecuencias jurídicas que puede acarrear el brindar un falso testimonio o mentir ante un interrogatorio oficial.

23. Aprenda a distinguir entre las mentiras y los errores involuntarios.

24. No demuestre su cansancio ni se deje vencer por él. La voluntad, resistencia, inteligencia,

dominio, ideología y cultura del interrogador siempre debe ser superior a la del interrogado.

25. No se desentienda del interrogado una vez lograda su confesión, pues podría requerirlo nuevamente en otras etapas del proceso penal o simplemente para obtener más información o aclarar nuevas dudas que puedan surgir referidas a la ocurrencia de los hechos.

26. No interrumpa la declaración para tomar notas, ni redacte el acta durante el Interrogatorio, entrene su memoria, emplee otros recursos tecnológicos y sea capaz de transcribir los resultados de esta acción una vez terminada y no en presencia del deponente.

1.1.7. Careo de testigos y de acusados.

El careo es otro acto de investigación que tiene como finalidad contrastar varios testimonios y declaraciones en aspectos que resultan dudosos o contradictorios. El termino "careo" es derivado de la palabra "cara" y se utiliza para describir aquella situación en la que dos personas se enfrentan frente a frente. Es decir; quedan encarados, confrontados. Para ello se presentan los testigos unos frente a otros para que, como mismo acurre con los acusados, debatan sobre algún aspecto fáctico del delito. Durante el careo de testigo el interrogador puede lanzar una interrogante "al aire" y que sean los careados los que debatan al respecto o, de lo contrario, el interrogador puede establecer preguntas directamente a cada persona y motivar con sus respectivas respuestas al debate. A los efectos de esta obra no profundizaremos en este tema, pero sí destacaremos la utilidad del careo de testigos y acusados para la investigación sobre la verdad de los hechos y la comprensión de su lógica.

1.1.8. Entrada y registro en lugares públicos y privados, así como en naves y aeronaves extranjeras.

La entrada y registro en lugares públicos y privados, así como a aeronaves y naves extranjeras constituye un acto de investigación que, además, se fundamenta como excepción a la absoluta explotación de la propiedad. El derecho a la propiedad privada acarrea efectos *arga omnes*.

Esto significa que toda la sociedad tiene que abstenerse de interrumpir el uso, disfrute y dominio de algún bien por parte de su propietario. Así, dicha interrupción puede considerarse un hecho criminal, al menos que la ley disponga lo contrario. Una de esas excepciones lo constituye este acto de investigación. Para poderlo ejecutar las autoridades pertinentes que lo llevarán a cabo deben mostrar al dueño una autorización judicial o de otro ente operativo donde también quede plasmado los fines investigativos por los que se limitará el respectivo derecho de propiedad.

La limitación al derecho de propiedad no es permanente sino que perdurará durante el periodo que las autoridades examinen el lugar. En algunas legislaciones se exige que la autoridad actuante, además de mostrar la autorización adecuada y los fines investigativos, precise el objeto que intenta ocupar. De esta manera, si durante la inpección del lugar se ocupa otro objeto que evidencie la ocurrencia de un delito de diferente naturaleza que el investigado entonces no se podrá ocupar y se requerirá de otra autorización especificando el objeto encontrado. Esta operación es bastante controversial en el gremio jurídico procesal y forense porque se debate si pudiera entenderse un acto de flagrancia el hecho de encontrar una situación u objeto que evidencie la ocurrencia del delito cuando se está realizando un registro en lugares públicos y privados, así como a aeronaves y naves extranjeras. Un ejemplo bastante común de esta situación es el caso en el que las autoridades llegan con una orden de registro para ocupar una supuesta arma de fuego y al momento de su llegada el propietario de la vivienda se encuentre consumiendo drogas ilícitas y tenga a su lado una cantidad significativa de éstas. Conforme a esta idea inicial no se podría ocupar la droga ni detener al sujeto por flagrancia del delito de consumo ilegal de drogas y estupefacientes porque no existe una autorización oficial para ello y los fines específicos de ese acto de investigación son otros. En tal sentido los agentes policiales y/o forenses tendrían que retirarse con o sin el arma de fuego ocupada y retornar posteriormente con una nueva autorización para ocupar la droga encontrada. El problema está en que durante el tiempo que las autoridades emiten una nueva autorización y se realiza el segundo registro el sujeto flagrante puede destruir todas las evidencias de flagrancia o, al menos, parte de ella. De igual manera, las autoridades que se queden en el lugar vigilando que el sujeto investigado no se fugue no podrán acceder a la propiedad del sujeto y deberán mantenerse en los contornos de ésta para evitar ser contra- acusados por registro arbitrario, invasión de propiedad ajena o limitación arbitraria de los derechos fundamentales del ciudadano como lo es el derecho al disfrute ininterrumpido de la propiedad privada. Contra esta postura doctrinal se alza otra que se fundamenta en la supremacía del Estado sobre la absolutidad de los derechos individuales cuando se trate de fines de seguridad y bienestar común. Así se entiende que los actos de investigación ejecutados por actores forenses y policiales durante el proceso penal obedecen a una estrategia de prevención delictiva e intento de establecer el equilibrio de las normales relaciones sociales que ha sido quebrantado por una relación social concreta indeseada o prohibida (el delito). Conforme a ello, ya aplicado al caso concreto que utilizamos como ejemplo en esta obra, la autoridad pertinente podría realizar el registro correspondiente; pero, ante la flagrancia de un delito nuevo, podría detener al sujeto por este nuevo hecho y conducirlo al lugar correspondiente para su instrucción procesal y la apertura y registro de un nuevo atestado policial.

Como se infiere de lo anteriormente escrito, existen actos de investigación que implican una colisión con determinados derechos de los ciudadanos: inclusive pueden colisionar con las propias disposiciones de una misma ley. No obstante, existe una tendencia en las distintas cortes supremas iberoamericanas de asumir la supremacía del Estado y los intereses comunes como una prioridad ante los intereses individuales. También se infiere de lo anteriormente escrito en este epígrafe que durante un acto de investigación el perito puede encontrar otros elementos que ameriten nuevos actos de investigación o delaten la ocurrencia de delitos diferentes al investigado. Por estas razones debe estar muy atento y tener un conocimiento de los fundamentos legales y jurídicos de su actuar en un acto de investigación como es la entrada y registro en lugares públicos y privados, así como a aeronaves y naves extranjeras.

1.1.9. Registro de libros y documentos privados.

El registro de libros y documentos privados es un acto de investigación en el que las autoridades pertinentes examinan el objeto ocupado para obtener información necesaria y relevante al caso investigado. Al igual que en la entrada y registro en lugares públicos y privados, así como a aeronaves y naves extranjeras se limita temporalmente la absolutidad del derecho de propiedad que el dueño tiene sobre esos documentos y libros. Aquí no se hace referencia a cualquier documento privado sino aquellos donde el propietario plasma ideas, acciones y acontecimientos que nadie puede acceder sino él y que resultan cuestiones personalísismas y extremadamente confidenciales. Un ejemplo antonomástico puede ser un "diario personal". Esta idea es bien importante porque a veces se suele pensar de que este acto de investigación específicamente se debe emplear siempre que se requiera obtener información sobre un documento privado y se utiliza de manera desmesurada por las autoridades policiales. Con ello queremos significar que el registro de libros y documentos privados es un acto sumamente excepcional y sólo se debe emplear cuando no existe alguna otra vía de obtener información relevante para el caso tratado después de haber agotado todas las posibilidades investigativas existentes. Ahora bien, este acto de investigación también es muy controversial en lo que respecta a su fundamentación jurídica. Aquí nos estamos refiriendo esencialmente al problema de las personas jurídicas y sus documentos y libros privados. Conforme a la teoría de la *ficción jurídica* se comprende que las personas jurídicas poseen libros y documentos privados en igual sentido que el de las personas naturales. Este tema resulta casi imposible de considerarlo tal cual porque las personas naturales poseen derechos personalísimos y un grado de intimidad que la persona jurídica jamás podrá tener. Un ejemplo son las cuestiones sexuales, relaciones de parejas y lazos sentimentales y emocionales hacia otra persona. Por estas razones tan personalísimas el Estado intenta no inmiscuirse a tal nivel en esa intimidad de cada persona natural al menos que sea una necesidad insoslayable de interés común. En cambio, con las empresas no sucede así, pues en su propia constitución y registro como persona jurídica todas quedan sujetas a la intervención estatal para los fines públicos que el Estado amerite; siempre y cuando dicho actuar esté regulado previamente en la ley. Así, si las instituciones judiciales o las autoridades encargadas del acto de investigación en cuestión en este epígrafe quisieran acceder a información asentada en los registros y libros privados de la persona jurídica simplemente tendrían que recurrir a los mecanismos establecidos legalmente para ello (un ejemplo pueden ser auditorias o ocupación de libros de contabilidad etc;). De esta manera, el registro de libros y documentos privados en las personas jurídicas es mucho más flexible en su instrumentación con respecto a su ejecución en las personas naturales.

1.1.10. Retención y apertura de correspondencia escrita, cablegráfica, digital y telegráfica.

Por correspondencia escrita se comprende todo documento, libro, folleto, información o notificación plasmada en formato papel que sea enviada por via postal a una persona para que sea entregada en un periodo de tiempo predeterminado por el remitente, el destinatario o ambos. En el mundo moderno se relaciona mucho la inviolavilidad de la correspondencia escrita con derechos de segunda generación como son la libertad de expresión y el derecho a la información. Por estas razones se erige dicha inviolavilidad requerida como un presupuesto fáctico de los derechos antes mencionados y en muchos ordenamientos jurídicos se erige como derecho fundamental y garantía constitucional de los derechos humanos.

La retención y apertura de correspondencia escrita, cablegráfica, digital y telegráfica constituye un acto de investigación en el que el perito o las autoridades policiales detienen el curso postal de la correspondencia para su investigación. Este acto es sumamente excepcional, quizás más que los anteriores estudiados debido a su significación en la ruptura de los límites entre lo público y lo privado, la vida social y la individualidad de las personas, el Derecho del Estado sobre los miembros de la sociedad y la autonomía de los ciudadanos en su condición de ser humanos. Con esto queremos significar que este acto de investigación es muy delicado porque implica una irrupción directa en la esfera privada más sensible del individuo. El perito o el agente policial debe tener por ello mucha cautela al realizar este acto de pesquisa.

En la actualidad la correspondencia se extiende también a la variante cablegráfica, telegráfica y la digital. En cada una de estas modalidades se siguen similares patrones jurídicos y éticos. No obstante, debemos señalar que la correspondencia digital incluye también todo el sistema de mensajería y comunicación que se recibe por medio de las redes sociales como facebook , google plus, linkedin, etc. Esta idea es importante porque muchas personas piensan que la correspondencia digital se limita solamente a la mensajerial via e-mail y no es así.

Por último quisieramos destacar que durante este y los anteriores actos de investigación estudiados, el perito o agente policial debe actuar con un alto compromiso ético, pues las informaciones relativas a la privacidad de las personas investigadas no deben ser traspasadas más allá de los espacios establecidos legalmente para ello y a las personas que la misma ley autorice.

1.2. Los actos de prueba.

En epígrafes anteriores señalamos que mientras los actos de investigación tienen como fin investigar y acreditar una realidad (hecho delictivo, circunstancias y autores del mismo) los actos de prueba son actos meramente procesales que procuran introducir los resultados de los actos de investigación ante las autoridades pertinentes para su apreciación, valoración y conformación de una convicción judicial. De ello se infiere que los actos de prueba guardan una estrecha relación con los medios de prueba. Esta relación tiene un carácter muy funcional porque solo mediante los medios de pruebas se puede ejecutar un acto de prueba.

Por sus características y naturaleza, todo acto de prueba implica un análisis y debate. Ello se debe a que todo elemento probatorio solamente será considerado prueba después de un proceso de valoración por parte del órgano judicial. Por estas razones el acto de prueba se expresa por medio de la apreciación y valoración del elemento de prueba introducido en el proceso penal. Es aquí donde nace una línea muy delgada entre los medios de prueba y los actos de prueba. Un ejemplo bastante claro lo es la práctica de prueba documental en el proceso penal; el documento es un medio de prueba, el contenido relevante plasmado en ese documento (información) sería el elemento de prueba y, por último, el debate que se establece respecto a dicho elemento de prueba sería el propio acto de prueba por ser precisamente en este debate que el juzgador puede valorar y asumir el elemento de prueba como prueba verdadera. Otro ejemplo relevante lo es el informe pericial. En este sentido el medio de prueba sería el dictamen pericial, el elemento de prueba serían las conclusiones a las que arribó el perito una vez realizado el peritaje y el acto de prueba sería el análisis que las partes junto al perito realizan durante el juicio oral para contribuir a la formación de una convicción judicial (informe pericial). El tema de la prueba testifical es bastante controversial en lo que a acto de prueba se refiere. Aquí lo que sucede es que el testigo puede declarar en varios momentos del proceso, pero su declaración más relevante es aquella que brindará durante el juicio oral. En tal sentido, el acto de prueba no es exclusivamente la propia declaración del testigo y su interrogatorio en el juicio oral sino también el debate que tendrán las partes al respecto. En tal sentido, al igual que la prueba documental, en el juicio oral y el informe pericial las conclusiones definitivas de las partes devienen también, en cierto modo, en un acto de prueba en el proceso penal. Así, queda claro de que el dictamen pericial es un medio de prueba, pero el informe pericial es un acto de prueba. Ahora bien, el elemento de prueba introducido por el dictamen pericial en el proceso penal no tiene que ser expuesto exclusivamente en el informe pericial como acto de prueba, pues en las propias conclusiones provisionales y en las definitivas también se puede debatir sobre su valor probatorio.

Otro tema de gran importancia lo es el rol del perito criminalista en los actos de prueba. Al respecto, y para hacer una valoración exacta de su participación, basta partir de la idea de que el perito no es parte en el proceso penal y, por consiguiente, no tiene un interés personal en la resolución del caso en favor del acusador o del acusado. El perito criminalista es un testigo; pero un testigo especial que no rinde tributo a ninguna de las partes. Por ello en los actos de prueba donde se admite su presencia e intervención ésta debe estar caracterizada por su imparcialidad y total compromiso con la verdad (independientemente de la parte beneficiada con sus declaraciones). Con todo esto queremos decir que el perito al no ser parte procesal no puede emitir análisis de Derecho o de hecho más allá que los que fundamenten o permitan explicar mejor sus conclusiones contenidas en el dictamen. Durante los actos de prueba el perito se debe limitar a responder las preguntas de las partes y explicar aquellos aspectos de los que las partes o el propio tribunal soliciten mayor ilustración para su entendimiento.

2. El dictamen pericial criminalístico como medio de prueba en el proceso penal. Especial referencia a los principios que rigen la funcionalidad del dictamen pericial en el proceso penal.

El dictamen pericial como medio de prueba conlleva un tratamiento bastante complejo en el proceso penal que obliga a la observancia de varias formalidades pre-establecidas jurídica y legalmente con el fin de legitimar por medio de dicho dictamen los elementos de pruebas obtenidos durante el peritaje (requisitos jurídicos del dictamen pericial). Es decir, que todo el tratamiento del dictamen pericial como medio de prueba en el proceso penal está sumamente agnado a distintas formalidades que, como bien estudiamos en el primer capítulo de esta obra, devienen en requisitos jurídicos de su legitimación procesal.

En tal sentido, la doctrina procesal establece tres clasificaciones de formalidades procesales para el tratamiento procesal del dictamen pericial criminalístico a saber:[69]

a)   *Formalidades vinculantes no subsanables*: estas son las de cumplimiento inexcusable e imperativo cuyo quebrantamiento conlleva la inexistencia, la inadmisibilidad o la invalidación del acto.

b)   *Formalidades vinculantes subsanables*: estas son de observancia debida y necesaria, pero su infracción admite perfeccionamiento, corrección o repetición).

---

[69] *Vid*: ARRANZ CASTILLERO, VICENTE JULIO: *Cuestiones teóricas Generales de la prueba en el proceso penal*. (tesis doctoral). Departamento de ciencias penales y criminológicas, Facultad de Derecho de la Universidad de La Habana, Cuba, 2003.

c)   *Formalidades no vinculadas o de libre elección*: en este tipo de formalidad se deja a los sujetos procesales la libertad de optar por la forma que estimen más apropiada al caso o situación procesal en particular.

Con respecto a la cantidad de elementos de pruebas que pueden ser introducidos al proceso penal por un mismo dictamen criminalístico parece no existir gran controversia en la doctrina procesal. Ello se debe a que, si bien el juez es quien puede determinar la cantidad de elementos de pruebas necesarios para conformar su convicción judicial no es él quien determina los medios de prueba ni la cantidad de éstos que serán admisibles en el proceso; pues regularmente ya vienen pre-establecidos legalmente. Esto quiere decir que en un mismo dictamen criminalístico podría introducirse varios elementos de prueba. En la práctica los peritos siempre son muy cuidadosos de que los elementos de pruebas introducidos por medio de un dictamen pericial sean de la misma naturaleza científica o técnica criminalística. Por ello, durante el peritaje, si el perito percibe elementos de prueba propios de otra especialidad técnico-criminalística avisará a las autoridades pertinentes para que se realice inmediatamente un examen pericial para extraer esos nuevos elementos de prueba, pero por los especialistas adecuados. Ello conllevaría indiscutiblemente a dos dictámenes diferentes, aun cuando se trate de la misma fuente de prueba.

Otro aspecto de gran importancia que queremos abordar aquí es el referido a las limitaciones jurídicas procesales del dictamen pericial como medio de prueba.[70] Estas limitaciones deben ser estudiadas desde dos ámbitos: uno *legal* y otro *jurídico procesal*. Desde el ámbito legal serán limitaciones del dictamen pericial como medio de prueba todas aquellas que estén plasmadas en la propia ley o cualquier normativa que la complemente. Aquí pudieran incluirse todas aquellas normativas referidas como requisitos legales para la admisión y efectividad del dictamen criminalístico en la actividad probatoria en el

---

[70] Esta idea se desprende y comprende fácilmente del pensamiento de TIEDEMMAN; en ROXIN, ARZT, G., TIEDEMANN, K., *Introducción al Derecho Penal y al Derecho Penal Procesal*, Ed.Ariel, Barcelona, España.1989. P.140 y ss. También *vide*: GÓMEZ COLOMER, J.L.: *El Proceso Penal Alemán". Introducción y Normas Básicas*, Barcelona, Bosch, 1985, P.-133-138.

proceso penal. En cambio, las limitaciones jurídicas procesales obedecen más a criterios doctrinales y lógico-jurídicos que, al fin de cuenta, son los que impulsan el espíritu de la normativa legal del proceso. Por ello no se debe observar de manera aislada las distintas clasificaciones antes planteadas aquí si se quiere comprender realmente la fenomenología del dictamen pericial como medio de prueba.

Las limtaciones jurídico-procesales del dictamen pericial como medio de prueba se dividen también en dos grandes grupos partiendo de la noción del peritaje como parte sustancial del objeto del dictamen pericial:

1- *Prohibiciones o limitaciones relativas a la producción o la práctica del peritaje.*
2- *limitaciones o prohibiciones referidas al aprovechamiento del Peritaje.*

En lo que respecta al primero de estos grupos (Prohibiciones o limitaciones relativas a la producción o la práctica de prueba) existen cuatro subclasificaciones a saber:[71]

a) *Limitaciones que prohíben un determinado tema como objeto de peritaje*: Éstas están muy relacionadas con la protección de los secretos particulares u oficiales, por lo que las materias comprendidas en estas categorías quedan excluidas de cualquier declaración sobre las mismas. Usualmente estos dictámenes no pueden ser expuesto públicamente durante el informe oral por la sensibilidad de su objeto o los resultados del mismo, ya sea para la víctima o para la seguridad nacional. Por estas razones, muchas veces determinados tipos de delitos se juzgan por una jurisdicción especial, como puede ser la militar, o un peritaje específico queda totalmente prohibido (y con ello el dictamen) por tener por objeto datos e informaciones de relevancia para la seguridad de un Estado. Ejemplo son los delitos contra la seguridad nacional.

b) *Limitaciones relativas a la práctica de ciertos peritajes*: Sobre la base de reconocer la

---

[71] Esta idea se desprende de un análisis de la obra de ARRANZ CASTILLERO, VICENTE JULIO. Ob cit. P.106-108.

prevalescencia y superioridad de determinados intereses en situaciones específicas se prohíben algunos medios de prueba para la demostración del supuesto fáctico concreto. Dentro de este subgrupo pueden citarse la prohibición de interrogar al acusado, pues el principio de voluntariedad así lo impide, los careos entre acusados o entre éstos y testigos contrarios al consentimiento de aquéllos, los testimonios de personas que hacen valer su privilegio de no declarar, así como la negación de someterse a investigaciones corporales cuando quepa esta negativa.

c) *Las limitaciones sobre el empleo de determinados métodos de peritaje*: La prohibición no recae en esta subcategoría en el medio de prueba; es decir, en el dictamen criminalístico, él está permitido, no así el modo de llevar a cabo el peritaje o la forma de practicarlo. Se basa en la exclusión de prácticas lesivas a los bienes y valores humanos fundamentales (la vida, la salud, la dignidad, etc.) tales como la tortura, la coacción, la amenaza, el engaño, los malos tratos, el uso del polígrafo, del "suero de la verdad", y de la hipnosis y otros métodos análogos.

d) *Limitaciones que establecen prohibiciones de carácter relativo*: Aunque el Derecho Procesal Penal moderno se basa en el principio de libertad de la prueba[72] ello no quiere decir que la búsqueda y obtención de la verdad quede liberada del cumplimiento de ciertas reglas, requisitos, oportunidad y condiciones (formalidades), establecidas en las leyes del rito penal con el propósito de dotar a esta actividad de un "mínimo de orden y garantía".

2.1. Fase investigativa.

Constituye la fase investigativa el conjunto de actos diligentes preestablecidos o admisibles por la ley que regidos por principios y fundamentos dogmáticos y jurisprudenciales a través de los cuales distintos órganos ordinarios destinados a la investigación forense, de forma solidaria, bajo una misma dirección oficial y con la cooperación también de las partes y terceros, ejecutan la recogida y conservación de todos aquellos elementos de prueba que permitan averiguar y

---

[72] Es decir, se destierra, de estos predios, tal y como hemos señalado antes, el viejo paradigma de la prueba tasada,

comprobar la existencia del delito, su *iter*, circunstancias, autores y partícipes.

La fase investigativa del proceso penal se fundamenta, esencialmente, en la necesidad de focalizar y comprobar exhaustivamente un hecho objetivo y real quebrantador del sistema de relaciones imperantes en la sociedad y sobre el cual se tienen datos de su existencia. En este sentido, tal información debe acreditar una correspondencia entre el hecho sucedido y las conductas delictivas previstas en la ley sustantiva penal. De otro modo, no podría considerarse delito aquella acción u omisión que no se corresponda con los presupuestos y principios descritos en la norma penal sustantiva y consecuentemente no se alcanzaría a excitar al ordenamiento jurídico penal.

La fase investigativa inicia generalmente a partir del recibimiento de la denuncia (*notitia criminis*). Por ésta se comprende la declaración que efectúa una persona para poner en conocimiento del Juez, Ministerio Fiscal o la policía, unos hechos que se considera que pueden constituir un delito. A diferencia de la querella, el denunciante no interviene personalmente como parte acusadora en el desarrollo del proceso penal.

Los delitos objeto de denuncia pueden ser públicos, perseguibles de oficio por las autoridades o privados, señalando que éstos sólo podrán ser perseguidos si la denuncia es presentada por los sujetos determinados por la ley.

En caso de que la denuncia se interponga por unos hechos que resulten ser falsos, el denunciante podrá incurrir en responsabilidad tanto civil como penal.

La denuncia puede realizarse por escrito o de palabra ante el funcionario correspondiente, personalmente o por medio de representante con poder especial. Debe ser firmada por el denunciante o por alguien a su petición, si él no pudiera firmarla. No es necesario que se dirija contra una persona determinada, aunque en el caso de que existiera algún sospechoso, el denunciante puede especificarlo. Tampoco es necesaria la intervención de abogado o procurador, ni tampoco la prestación de fianza. Si la denuncia se realiza verbalmente, se extenderá un acta en forma de declaración que será firmada por el declarante y por el funcionario o autoridad que tome la declaración. En esta acta debe hacerse constar la identidad del denunciante.

Generalmente se entregará un resguardo de haber formulado la denuncia, en caso contrario el denunciante puede solicitarlo. El denunciante desde que formula su denuncia queda agnado a ella y una vez que ésta quede formalizada se procederá a comprobar la veracidad de los hechos denunciados.

Una de las manifestaciones del deber de colaborar en la persecución de la delincuencia es la formulación de denuncias. Así, están obligados a presentar denuncia:

- Quiénes presencien los hechos delictivos.
- Los que conozcan los hechos por el cargo, la profesión o el oficio que desempeñan.
- Los que, de cualquier, otra forma tengan conocimiento de la existencia de un delito.

Sin embargo, no estarán obligados a denunciar aunque si lo desean pueden hacerlo, las siguientes personas:

- El cónyuge del delincuente.

- Los ascendientes o descendientes vinculados de forma directa al delincuente.
- Los niños y los que no tengan uso de razón.
- Los abogados y procuradores respecto de las explicaciones que recibieron de sus clientes.
- Los sacerdotes respecto de las noticias que hubiesen recibido en el ejercicio de sus funciones eclesiásticas.
- Aquellas personas que desempeñando un cargo, profesión u oficio determinado, tuviesen noticia de algún delito público, excluyendo en este caso Abogado y Procuradores respecto de las instrucciones que recibieron de sus clientes.

Una vez recepcionada la denuncia se inician las diligencias correspondiente a la investigación del hecho que reviste los caracteres de delito. El primer paso es la personación, lo más inmediato posible, de las autoridades policiales y forenses en el lugar del suceso para establecer el aseguramiento del lugar del suceso y su preservación. Es en este instante que inicia la inpección del lugar del suceso. Al mismo tiempo se realiza la apertura de un expediente conocido como "atestado policial". En algunos países este expediente suele recibir diferentes nominaciones, pero lo importante aquí es destacar que se trata de un folio donde se van acumulando y registrando cronológicamente todos los actos realizados durante la fase investigativa. Es decir, desde sus inicios hasta que se comprueba la existencia del delito y se determinan los autores y partícipes en el mismo.

El segundo paso es la designación de un instructor policial o agente de investigación que tendrá la responsabilidad de dirigir y coordinar el proceso de investigación. Corresponde a esta figura (instructor policial o equivalente, según el ordenamiento jurídico del que se trate) designar el equipo de peritos y sujetos que formarán parte de todo el operativo. El instructor policial generalmente no actúa a plena voluntad; pues la propia ley de procedimiento penal otorga casi siempre el control de toda la fase investigativa al fiscal o al juez. Esto quiere decir que aunque el instructor policial dirige la fase investigativa el fiscal lo controla. Las razones jurídicas de esta relación de mando son muy lógicas y necesarias por varios motivos. Entre estas razones encontramos:

- El fiscal lleva la carga de la prueba y es quien debe fundamentar la acusación ante el tribunal conforme a Derecho y conforme establece la ley.

- Conforme a esta responsabilidad del fiscal citada anteriormente queda evidente que es él quien conoce mejor los elementos necesarios a obtener en cada peritaje para poder fundamentar jurídicamente su rol de parte y destruir la presunción de inocencia de la que está investido el acusado.

- El fiscal con su acusación delimita el objeto del proceso penal y da con ello coherencia y objetividad a la actividad forense para que ésta no desborde sus finalidades en el proceso concreto.

- Es el fiscal quien tiene los conocimientos jurídicos suficientes para velar que durante la fase investigativa la actividad pericial no quebrante la legalidad ni los principios jurídicos que rigen el proceso penal.

De lo expuesto anteriormente se comprende que la acción criminalística toma lugar durante la fase investigativa del proceso penal. Ello no quiere decir que no se extienda a otras fases del proceso penal; pero, sin duda alguna, es en esta fase preliminar y administrativa que adquiere mayor notabilidad.

La fase investigativa termina con la comprobación de la ocurrencia del delito y la determinación o identificación de sus autores y partícipes, así como la relación entre éstos. Una vez logradas las metas antes señaladas se cierra el expediente de fase investigativa o atestado policial. En este expediente van incluidos todos los dictámenes periciales realizados. A veces el fiscal puede ordenar su ampliación o el esclarecimiento de algunos aspectos del contenido del dictamen o, simplemente, extender su realización a la fase siguiente de instrucción y aseguramiento del encausado.

2.2. Fase instructiva.

Como su nominación infiere, la fase instructiva o periodo procesal de instrucción y aseguramiento del encausado es, esencialmente, aquel en el que se instruyen al encausado y demás partícipes en el hecho delictivo sobre las consecuencias jurídicas y legales del acto cometido; así como los procedimientos y proceso al que serán sometidos a partir del momento de instrucción. También se les instruye sobre los derechos que les asisten en su condición de seres humanos y ciudadanos del Estado correspondiente. Por ello la ley da la posibilidad al encausado de contar con la asistencia de un abogado desde el momento que inicia esta fase procesal.

Este periodo inicia con la detención provisional del encausado y éste será investido automáticamente del derecho a la defensa y la presunción de inocencia. Como bien dijimos anteriormente, a veces la actividad pericial se extiende a este periodo y resulta importante tener muy en cuenta lo anteriormente dicho porque el forense debe, ante todo, respetar el estado procesal del encausado a la hora de lidiar con él. Nótese que hacemos referencia al "encausado" y no al "acusado" porque en este periodo ni siquiera éste alcanza tal categoría. La importancia criminalística de esta etapa procesal está en que aquellos peritajes que hayan sido iniciados desde la fase investigativa ahora pueden completarse con la presencia del encausado y la posibilidad de tomar determinadas muestras corporales. Un ejemplo puede ser el peritaje odorológico en lo que se refiere al odorotipo y el cotejo de dicha muestra de olor tomada al encausado con la huella levantada en el lugar del suceso. También esta etapa puede servir para complementar los peritajes ya realizados con la realización de otros nuevos que requieren necesariamente la presencia del encausado. Esta ventaja que brinda esta etapa procesal para la actividad criminalística ha dado lugar a que se le conozca también como *etapa de instrucción y aseguramiento del encausado*. Aquí no solo se asegura al encausado sino también todos los elementos de pruebas adquiridos desde el inicio del proceso penal y que pudieran ser de interés del juzgador para su examinación personal. Se incluyen, además, en este grupo de aseguramiento aquellos elementos de pruebas, fuentes de pruebas y medios de prueba que pudieran verse afectados o desaparecidos al momentos del juicio oral; por lo que la ley prevé la posibilidad de practicar dichas pruebas anticipadamente. Usualmente los dictámenes periciales no corren este riesgo, aunque pudiera suceder que se tenga la certeza de que el perito que debe realizar el informe pericial durante el juicio oral no vaya a estar disponible para ese momento. En tal sentido, se pudiera adelantar el informe pericial para esta etapa y posteriormente, si las partes están de acuerdo, se pudiera leer el dictamen durante el juicio oral e iniciar el debate entre las partes. Otra solución para este supuesto ha sido sustituir un perito por otro. Somos del criterio de que esta segunda opción no es la más viable, al menos que este segundo perito haya estado presente durante todo el peritaje y conozca por experiencia directa los pormenores descritos en el dictamen pericial.

Otro aspecto a tener en cuenta es que en la fase instructiva deben quedar concluidos todos los dictámenes periciales pues en este periodo el fiscal ya debe tener los elementos suficientes para fundamentar su acusación y presentar sus resultados investigativos y sus análisis ante el juzgador.

2.3. Fase intermedia. Especial referencia al dictamen criminalístico como fundamento de la acusación penal.

La fase intermedia del proceso penal es, como se infiere nominalmente, aquel periodo entre las fases preliminares del juicio oral (investigativa y einstructiva, conocidas en su conjunto como fase preparatoria) y la fase del juicio oral. Si bien en la fase investigativa e intructiva se desarrolla la investigación forense y se aseguran los elementos de pruebas, testigos y fuentes de pruebas necesarias para ser presentadas en el juicio oral, ahora en la fase intermedia se desarrollará una especie de saneamiento de toda la actividad forense anterior; así como actos de organización y presentación de todos los resultados ante el órgano juzgador. Es decir, que esta es la fase en la que el juzgador aprecia los resultados de la actividad forense propuestos por las partes y analiza la correspondencia de dichos resultados con los fundamentos del pliego acusatorio del órgano acusador.

La fase intermedia es muy importante para la actividad pericial en el proceso penal porque es aquí donde se evidencia la coordinación de la actividad criminalística; así como la armonía, coherencia y objetividad entre todos los peritajes realizados y los fines de cada etapa procesal. Con esto queremos significar que cualquier irregularidad en la coordinación de la investigación sobre el hecho delictivo o el control de la fase preparatoria (investigativa+ instructiva) será visible claramente durante la fase intermedia porque una de las funciones de ésta es precisamente detectar las irregularidades existentes y sanearlas antes de que el expediente sea radicado como *causa*. La armonía y coordinación a la que hacemos mención se expresa desde el propio pliego acusatorio; pues el fiscal debe exponer en él los siguientes elementos:

1. los hechos sancionables que resulten de las actuaciones;

2. la calificación legal de los hechos, determinando el delito que constituyan;

3. el concepto de la participación que en ellos hayan tenido los acusados contra los que se ejercite la acción penal;

4. los hechos que resulten de las actuaciones que constituyan circunstancias modificativas o eximentes de la responsabilidad penal;

5. Las sanciones en que hayan incurrido el o los acusados por razón de su respectiva participación en el delito; y medidas de seguridad que, en su caso, deben imponerse.

En caso de que existe o aprecie la responsabilidad civil también deberá especificar:

1. La cosa que haya de ser restituida o la cantidad en que se aprecien los daños y perjuicios causados por el delito;

2. el modo en que ha de procederse para la reparación del daño moral al perjudicado o perjudicados;

3. la persona o personas que estén obligadas a la restitución de la cosa o a la reparación de los daños y perjuicios de que aparezcan responsables, y el hecho o circunstancias en virtud de los cuales hayan contraído esa obligación.

Cada uno de estos aspectos tratados en la acción penal deben estar corroborados indubitadamente por el fiscal. Es aquí donde entran a escena los dictámenes periciales en esta etapa. Los dictámenes presentados, independientemente de la especialidad que sean, no deben contradecirse unos con otros y deben complementarse al reafirmar los fundamentos presentados por el fiscal en el pliego de acusación formal.

Le corresponde al juez analizar si la armonía, coherencia y objetividad antes descrita existe apreciando o refutando aquellos dictámenes que considere irrelevantes para el caso concreto. También puede ordenar nuevos peritajes o solicitar la ampliación de alguno de los ya presentados en el pliego acusatorio. Puede darse el caso, bastante frecuente, de que dado los resultados de los dictámenes presentados en el pliego acusatorio el fiscal determine calificar por un delito determinado y el tribunal considere que se trata de un delito más grave y persista en su apreciación, aún en contra del parecer del fiscal; o, peor aún, que el fiscal determine sobreseer las actuaciones y el tribunal considere que se debe continuar con el proceso penal teniendo como argumento los resultados que arrojan los dictámenes periciales (lo que se conoce como sobresseimiento total o parcial injustificado).

Ante estas situaciones la doctrina procesal recoge una controversial figura conocida como *Tesis de desvinculación procesal* que permite al juez ir por encima de la calificación del fiscal y agravar la situación procesal del abogado cuando tenga razones contundentes y firmes para ello. En este acápite no vamos a profundizar en este tema, pero lo traemos a colación aquí para ilustrar de alguna manera la importancia de la actividad forense en la toma de decisiones en el proceso penal y la fijación de sus límites, así como del *estatus* procesal del encausado.

Durante la fase intermedia el juez también controla que todo el peritaje descrito en el dictamen pericial se haya realizado conforme establece la ley y que no exista ningún tipo de parcialidad respecto alguna de las partes (almenos que se trate de un dictamen ordenado por alguna de las partes como contraposición a otro dictamen ordenado por la parte procesal opuesta, pues en este caso se estaría cumpliendo la contradicción necesaria en el proceso penal).

Si el juzgador estima que todo está conforme establece la ley y se corresponden jurídicamente todos los fundamentos de la acusación entonces ordenará que el expediente de instrucción se radique como causa. Esta radicación la lleva a cabo el secretario del tribunal quien tendrá que registrar el expediente como causa numerada por orden de llegada y señalando el año correspondiente. Así la causa pudiera ser la 39/2017 si durante este año le han precedido 38 expedientes radicados. Desde el momento de la radicación el *encausado* adquiere el *status* procesal de *acusado*. El pliego acusatorio con los dictámenes periciales incluidos se le entregarán al abogado del acusado para que conteste en un periodo de tiempo su conformidad o no con el contenido del pliego acusatorio y proponga las pruebas que estime conveniente para su defendido, aun cuando no lleve la carga de la prueba. Una vez que el abogado haya respondido por medio de sus conclusiones provisionales a la acusación formal se considera que ha quedado entablado el debate penal.

El perito que figure como principal en el dictamen pericial será el que rinda el informe pericial durante el juicio oral. Lo importante aquí es destacar que, desde el punto de vista procesal, el dictamen pasa a ser a su vez un elemento de prueba muy valioso que será introducido en el juicio oral por medio de otro medio de prueba que es el "informe pericial". Es en este momento donde se evidencia lo que algunos especialistas han llamado "la dualidad probatoria del dictamen pericial" porque en el proceso penal puede ser medio de prueba y elemento de prueba también.[73] Esta mutación en la condición probatoria del dictamen pericial se debe precisamente a la oralidad requerida en el juicio oral que obliga a examinar el dictamen de manera oral. Esta carácter dual del dictamen pericial no menoscaba su valor probatorio, por el contrario, lo robustece como veremos más adelante en el próximo epígrafe.

Otra relevante dualidad que se manifiesta a partir de la fase intermedia es la del perito. En lo adelante, además de ser un auxiliar del órgano judicial, será también un testigo especial. Eso se debe a que durante el juicio oral su misión será exponer los detalles contenidos en el dictamen pericial y responder todas aquellas dudas e

---

[73] La dualiad probatoria es un tema muy debatido y controversial en nuestro gremio profesional. Ello se debe a que muchos consideran que concebir al dictamen pericial en sí mismo como un elemento de prueba por el simple hecho de ser introducido como tal mediante el informe pericial es un absurdo.

inquitudes que tengan las partes y el tribunal al respecto para facilitar el debate y, consecuentemente, la formación de la convicción judicial (este aspecto lo abordaremos más detalladamente en el siguiente capítulo).

De todo lo antes expuesto en este epígrafe se puede resumir parcialmente que el dictamen pericial criminalístico tiene una importancia enorme en la actividad probatoria; pero dicha importancia puede trascender más allá al poder influir en la delimitación del objeto del proceso y el *estatus* procesal del encausado. A partir de la fase intermedia se evidencia una dualidad en la función probatoria del dictamen pericial e igualmente se experimenta una dualidad en la funcionalidad del perito como sujeto interviniente en el proceso penal.

3. Clasificación de los dictámenes periciales en el ámbito procesal penal.

Los dictámenes periciales pueden ser clasificados de diversas maneras en dependencia del criterio que se siga para establecer dicha clasificación. En este sentido, se debe destacar que cada clasificación se corresponde, por fuerza, con los efectos jurídicos procesales que acarrea el dictamen criminalístico una vez que ha quedado culminado; pues de otra manera cualquier criterio clasificatorio carecería de fundamento jurídico y procesal. Así, éstos pueden ser clasificados, entre otros criterios, atendiendo a su amplitud, formato, eficacia, reconocimiento de su autor, por su fuente y también su composición.

Por su amplitud los dictámenes criminalísticos pueden ser *abiertos* o *cerrados*. Es abierto aquel en el que las conclusiones del perito son genéricas. Es decir, que dan una respuesta amplia sobre el tema puesto a consideración del experto por parte de una autoridad competente sin dejar de resolver total o parcialmente la duda que fundamenta su razón de existencia. Ej, aquel en el que el perito concluye que el delincuente ha estado en el lugar del suceso criminal pero no determina que haya sido específicamente éste el autor del delito. En estos casos siempre el juez requerirá cotejar este resultado con otros similares para formar o completar su convicción judicial. Ej, el dictamen odorológico. Por su parte, los dictámenes cerrados o estrictos son aquellos en los que las conclusiones recaen sobre puntos concretos y específicos puestos a consideración del perito para su análisis. En estos casos el juez no necesita complementar estos resultados con otros por resultar totalmente indubitados en lo que respecta a la duda de hecho puesta en manos del perito.

Por su formato los dictámenes periciales pueden ser: escritos, de audio, fílmicos o grabados, personal o *in live*.

Los dictámenes escritos son los más usuales y tradicionales desde una perspectiva histórica de uso. En tal sentido se caracterizan por llevar el papel como soporte y la palabra escrita como método comunicativo. Muchas veces se cree que esta clasificación se debe a que el dictamen está contenido en un soporte papel y esta es una consideración errada; pues aunque el papel es uno de los soportes fundamentales de la escritura, no es único en el que se puede plasmar una idea escrita.

Por su parte, los dictámenes de audio son aquellos en los que el formato utilizado es el sonoro. Aquí se trata de grabaciones en distintas tecnologías como pueden ser las magnéticas y la digital. Generalmente este formato se usa como método preventivo en caso, por ejemplo, de que en el momento del informe pericial el perito haya fallecido o se encuentre justificadamente distante del lugar donde se lleva a cabo el proceso penal.

Los dictámenes fílmicos son aquellos en los que se proyecta la imagen del perito explicando todo el peritaje y las conclusiones del mismo, ya sea por vía magnética o digital. Lo importante en este formato es que permite recuperar como si fuera en tiempo real la presencia del perito si por disímiles razones no se encuentra disponible en el momento que se requiera de su intervención para exponer los resultados del peritaje y sus respectivas conclusiones y consideraciones. También este tipo de formato permite analizar detalladamente una y otra vez el dictamen pericial y las conclusiones a las que ha arribado el perito. Debemos tener muy presente de que el ser humano es guiado fundamentalmente por su sentido de la vista.[74] Ello implica que la visualización permite activar de mejor manera su capacidad cognitiva y volitiva a la hora de apreciar y valorar un dictamen pericial. Esto es lo

---

[74] AGUILAR AVILÉS, DAGER: *Dimensiones de la Odorología Criminalística*. Ed. Honoris Europa. Estados unidos. 2015

251

que convierte a este formato de dictamen en uno de los más usados y requeridos en los últimos tiempos.

Por último, encontramos el formato *in live*. Este es un formato que más bien constituye una mezcla de todos los formatos anteriormente expuestos. Un ejemplo antonomásticolo lo constituye el SKYPE. Conforme al formato "in live" el perito se comunica a tiempo real con la autoridad competente para exponer los resultados del peritaje y las conclusiones a las que ha arribado. También puede en este momento interactuar con los sujetos procesales y responder a todas las preguntas que se le formulen. Aquí es importante tener en cuenta que no se debe confundir este formato con el informe pericial, ya que se tratan de cosas muy diferentes conforme a su trascendencia y significado jurídico-procesal.[75] En el informe pericial el perito asiste ante el juzgador y frente a frente expone el dictamen y responde a las preguntas

---

[75] El informe pericial es un medio de comunicación mientras que formato "in live"no es más que una clasificación doctrinal que recibe una de las formas que puede adoptar la comunicabilidad del dictamen pericial ante las autoridades que la han requerido. Es cierto que en ambos casos puede premiar la oralidad , pero en el informe pericial la presencia física es real, mientras que en este tipo de formato "in live"no.

formuladas por las partes y el propio tribunal. Con ello queremos significar que la presencia física ante el juzgador y la oralidad son los rasgos más importantes y distintivos del informe pericial. Sin embargo, el dictamen *in live* no es un informe pericial porque se presenta en diferentes estadíos procesales que preceden al juicio oral. Ello no quiere decir que el informe pericial no pueda presentarse mediante este formato también, pero solamente será aplicable de manera excepcional e indubitadamente justificada.

Ahora bien, por su eficacia los dictámenes periciales pueden ser completos o incompletos. Son completos aquellos que resuelven totalmente la duda de hecho que los motiva, sin embargo son incompletos aquellos que no resuelven totalmente esta duda. Generalmente los dictámenes incompletos conllevan a su rechazo por parte de la autoridad procesal que los aprecia o también pueden conllevar a su ampliación por solicitud de dicha autoridad.

Por el reconocimiento de su autor los dictamenes pueden ser titulados o no titulados. Son titulados aquellos que provienen de un perito abalado y reconocido legalmente por el Estado. Sin embargo, los dictamenes periciales no titulados son aquellos que provienen de expertos no titulados pero con amplio reconocimiento social. En tal sentido en algunos ordenamientos se exige la titulación como requisito legal, pero en otros ordenamientos, especialmente en las cortes de mediación, no se exige la titularidad del experto, sino su reconocimiento social comprobado por la experiencia de años acumulados en el ejercicio de su experticia.

Por su fuente los dictámenes periciales se clasifican en legal o ilegal. Ello se debe a la correspondencia con el principio de legalidad que rige todo el proceso penal; ya que para que un dictamen sea legal no basta con que el dictamen sea admitido por la ley sino que debe cumplir cabalmente con todas las exigencias de ésta.

Por su composición pueden ser simples o compuestos: los dictámenes simples son aquellos en el que se corresponde cada peritaje con una conclusión. Sin embargo, los dictamenes compuestos son aquellos en los que se recogen las conclusiones de varios peritajes. En la actualidad se tiende a exigir legalmente para cada peritaje un dictamen. No obstante, ello no significa que doctrinalmente no se pueda concebir y convenga estudiar la modalidad compuesta de los dictámenes periciales.

Por su preceptividad los dictámenes periciales pueden ser *preceptivos* o *técnicos*. Son preceptivos aquellos cuya realización es obligatoria en el proceso penal, independientemente de la voluntad de las partes y el juzgador. En cambio, los dictámenes periciales técnicos son aquellos que no son obligatorios, pero son introducidos en el proceso penal por solicitud de una de las partes o el propio tribunal.

Por su origen procesal los dictámenes pueden ser clasificados en *de parte* o *judiciales*. Éstos últimos a su vez se clasifican en *dictamenes periciales judiciales simples* y *dictamenes periciales en discordia*.

3.1. Dictamen pericial de parte, dictamen pericial judicial

Para entender la naturaleza jurídica-procesal del dictamen pericial de parte debemos comenzar por comprender el sentido y rol de las partes en el proceso penal. A decir de ALVAREZ DEL CUVILLO:

Partes procesales son las personas que intervien en en un proceso judicial para reclamar una determinada pretensión o para resistirse a la pretensión formulada por otro sujeto. A la persona que ejercita la acción se la llama "actor" (el que "actúa"),"parte actora", o bien "demandante". A la persona que se resiste a una acción se la llama "parte demandada", o simplemente "demandado".[76]

De lo anteriormente expresado se infiere que las partes vienen delimitadas en el proceso penal por una marcada contradicción de pretensiones. De esta manera se van creando las distintas posiciones en las que se van ubicando los distintos sujetos que

---

[76] ALVAREZ DEL CUVILLO, ANTONIO: *Tema 3(las partes procesales)* en *Apuntes de Derecho Procesal laboral.* Universidad de Cadiz. España 2008. Obtenible en https://ocw.uca.es/pluginfile.php/1271/mod_resource/content/1/Procesal3.pdf. Consultado el 23 de octubre de 2017.

intervienen en dicho proceso. A las partes procesales en muchos ordenamientos jurídicos la ley les brinda la posibilidad de solicitar peritajes para fundamentar su teoría sobre los hechos o contrarestar los fundamentos de su oponentes. Estos peritajes van orientados a un aspecto específico del fenómeno que examinan y están marcados por una alta objetividad. Por ello, en la doctrina forense y procesal penal se les reconoce como peritajes de parte. Igual apellido reciben los dictámenes periciales resultados de dichos peritajes.

En el peritaje de parte el perito está obligado a decir siempre la verdad respecto al punto que se ha puesto a su consideración. Ello significa que, aun cuando el resultado del peritaje no sea tan beneficioso para los intereses de la parte a la que responde dicho perito, la verdad de los resultados del peritaje debe prevalecer. No obstante, el perito puede ser tachado o suprimido si incumple con este principio. Es por ello que casi siempre se le exige al perito que haga juramento por escrito sobre su fidelidad al principio de legalidad y objetividad del peritaje.

Los peritajes judiciales, a diferencia de los de parte, son solicitados por el propio órgano judicial y responden a un grado máximo de objetividad e imparcialidad, por lo que abordan toda la fenomenología que se pone a examen del perito y no una parte de ésta. De lo anteriormente expuesto se evidencia que el rasgo antonomástico en la diferenciación entre los dictámenes de parte y judiciales está en quién solicita inicialmente el peritaje, por un lado, y el alcance de dicho peritaje en el examen de un fenómeno concreto.

Ahora bien, en ocasiones puede suceder, y de hecho ocurre con frecuencia, que los dictámenes de parte se contradicen de tal manera que el juzgador no consigue formarse una convicción sobre el valor de prueba de los elementos que cada uno de ellos aporta. Ello sucede porque la duda procesal que motivó la solicitud del peritaje aún persiste o genera otras dudas que el juzgador no puede obviar en la formación de su convicción. Por ello, el juez puede solicitar un tercer dictamen pericial sobre las dudas aún existentes entorno al objeto del proceso penal y hasta de los resultados de los dictámenes de partes presentados. Este tipo de dictamen es lo que se conoce en la doctrina como *tercer dictamen pericial en discordia* y al perito que realiza el peritaje correspondiente se le denomina *perito tercero en discordia*.

El dictamen pericial en discordia no debe confundirse con el dictamen pericial judicial simple, si bien que tienen un elemento en común: ambos son solicitados por el juez. Lo cierto es que el dictamen pericial judicial simple es solicitado por el juez para resolver una duda procesal existente entorno al objeto del proceso, mientras que el tercer dictamen pericial en discordia es concebido para que el perito emita fundamentalmente un criterio calificado sobre cada uno de los dictámenes periciales de parte en pugna. En tal sentido, deben fundamentar por qué apoyan a unos y rechazan a otros o, inclusive, pueden llegar hasta plantearse una tercera conclusión.

Aunque no lo hemos tratado en epígrafes anteriores por cuestiones metodológicas, sí debemos destacar aquí que el tercer dictamen pericial en discordia es una expresión resultante de la contradicción del dictamen pericial en el proceso penal. Por ello no es desacertado afirmar que su validez procesal se debe a la vigencia y respeto al principio de *contradicción* y *libre arbitrio judicial*. El perito tercero en discordia es bien importante desde el punto de vista procesal porque su conclusión incide de manera significativa en la conviccion judicial. De ahí que esta figura gane cada vez más mayor atención en los estudios jurídico-forenses.

Bibliografía

1. **ABAB FERNÁNDEZ, ENRIQUE;** "Valor probatorio del sumario y reforma procesal penal", Jornadas de Derecho Procesal, Consejo General del poder judicial, Madrid 1984.
2. **ABBAGNANO, NICOLA**; *Historia de la Filosofía*; Instituto Cubano del Libro, La Habana, 1965.
3. **ABALOS, RAÚL;** *Derecho Procesal Penal,* Edic. Jurídicas Cuyo, Mendoza, Argentina, 1993.
4. **AGUIAR TORRES, HUMBERTO S.** -"El examen en Casación en la Ley Procesal Penal Militar", en Revista Jurídica, N° 3 -1984.
5. **AMARO SALUP, RAUL;** "El Sumario y la Intervención del Fiscal en la Fase Preparatoria", en Revista Cubana de Derecho, No. 3, año 1, La Habana, 1972.
6. **APOLO RAMÍREZ, MODESTO;** *La sana crítica en la prueba testimonial,* Edino, Guayaquil, 1993.
7. **ARANGO ESCOBAR, JULIO E.**; "Valoración de la prueba en el proceso penal", en Valoración de la Prueba, Fundación Myrna Mack, Serie Justicia y Derechos Humanos/2, Guatemala, 1996.
8. **ARCE GUTIERREZ, HÉCTOR MAURICIO;** "La sana crítica como sistema de Valoración de la Prueba en el nuevo Código Procesal Penal de El Salvador", R.D.Proc.Ibr., Núm.2-3, 1975.
9. **ARRANZ CASTILLERO, VICENTE;** "Los Sujetos y las Partes en la Fase Preparatoria del

Juicio Oral. Los Sistemas de Instrucción", en Revista Cubana de Derecho, año XVIII, No... 38, Ciudad de La Habana, Julio/Septiembre, 1989.

10. _____. -"Las acciones de instrucción", en Revista Cubana Derecho, Nº 8-1992.

11. **ASENCIO MELLADO, JOSÉ MARÍA;** "La prueba. Garantías Constitucionales derivadas del artículo 24.2", en "Poder Judicial No. 4, Madrid.

12. **ASMUS, V. F.;** *Compendio de Historia de la Filosofía*, 2ª reimpresión, Editorial Pueblo y Educación, La Habana, 1980.

13. **ASENCIO MELLADO, J.M,** *Prueba prohibida y prueba preconstituida*, Trivium, Madrid, 1989.

14. **AUGER LIÑAN, CLEMENTE;** "Organización Judicial y Estatutos del Juez"; *en Centro de Estudios Jurídicos.* Colección Cursos. Vol.5. Ministerio de Justicia. Centro de Publicaciones. Madrid, 1990.

15. **AYLLÓN DULANTO, FERNANDO;** "Historia del Tribunal de la Inquisición", *en lhttp://www.monografias.com/trabajos7/inqui/inq ui.shtml,* s.f., (consultado: 7-10-03).

16. _____ "Procedimientos jurídicos del Tribunal de la Inquisición", en http://www.monografias.com/trabajos11/webpr/ webpr.shtml, s.e. y sf; (consultado el 7-10-03).

17. **BECCARIA, CESARE;** *De los delitos y de las penas*; traducción de Juan Antonio de las Casas; Alianza Editorial; Madrid, 1968.

18. **BENTHAM, JEREMÍAS;** *Tratados de las Pruebas Judiciales*, Edit. Ejea, Buenos Aires, Argentina, 1959. (Traducción por Manuel Ossorio).

19. **BERDUGO GÓMEZ DE LA TORRE, IGNACIO;** "Las transformaciones originadas por la Revolución Francesa en el contenido del Derecho Penal en el Poder Judicial en el Bicentenario de la Revolución Francesa", en Centro de Estudios Jurídicos. Colección Cursos. Vol.5. Ministerio de Justicia. Centro de Publicaciones. Madrid, 1990.

20. **BINDER M., ALBERTO;** *Introducción al derecho penal*, AD- HOC, 1ra. Edición, Buenos Aires, 1993.

21. _____ "Funciones Y Disfunciones Del Ministerio Público Penal", en Revista Ciencias Penales; Revista de la Asociación de Ciencias Penales de Costa Rica, Noviembre 1994 Año 6, N°9, http://www.poder-judicial.go.cr/salatercera/revista/REVISTA

22. %2009/binder09.htm, consultado el 3-9-03.

23. _____ "La justicia penal en la transición a la democracia en América Latina", en Revista Anuario Derecho Penal, Universidad de Friburgo, Suiza, 1994, http://www.unifr.ch/derechopenal/anuario/94/bi9 4.html, consultado: 7-10-03.

24. _____ "El relato del hecho y la regularidad del proceso: la función constructiva-destructiva de la prueba penal",

Justicia Penal y Derecho, Edit. Ad-Hoc, Buenos Aires, Argentina, 1993.

25. **BODES TORRES, JORGE.** -"Cambios en el procedimiento de los tribunales municipales", en Revista Cubana Derecho, N° 5-1992.

26. _____ -"La prueba documental", en Revista Cubana Derecho, N° 8 -1992.

27. **BRICHETTI, GIOVANNI;** *La Evidencia en el Proceso Penal,* Trad. de Santiago Sentis Melendo, EJEA, Bs.As, 1977.

28. **CACHÓN VILLAR, P.;** "La prueba ilíticamente obtenida (Reflexiones en torno al artículo 11.1 LOPJ)", en Revista de la Asociación de Jueces y Magistrados "Francisco de Vitoria" No. 1, junio, 1991.

29. **CALVO CABELLO, JOSÉ LUIS;** "La Valoración de la Prueba en el Juicio Oral; editado en Cuadernos de Derecho Judicial", *La Prueba en el Proceso Penal II,* del Consejo General del Poder Judicial, Madrid, 1996.

30. **CAPPELLITI, M.;** "Espionaje telefónico y derechos del hombre", en Proceso, Ideología y Sociedad, EJEA, Bs.As. 1974.

31. **CAFERATA NORES, JOSÉ;** "La Prueba obtenida por quebrantamientos constitucionales", en Temas de Derecho Procesal Penal, Bs.As., 1988.

32. _____; *La prueba en el proceso penal,* Edit. Depalma, 3ª Edic. Ampliada y actualizada (1998), Buenos Aires, Argentina, 1998.

33. **CANDIA FERREIRA, JOSÉ;** "Problemas actuales en la legislación penal cubana", en Revista Cubana Derecho, N° 2-1991.

34. _____ "Problemas actuales del Proceso Penal en Cuba", en Revista Cubana Derecho, N° 13-1999.

35. **CAROCCA, ALEX,** "Una Primera Aproximación al Tema de la Prueba Ilícita en Chile", Revista Ius et Praxis, año 1, nª2, 1998.

36. **CARRARA, FRANCISCO,** *Programa de Derecho Criminal,* tomo II, Edit.Temis, Bogotá, Colombia, 1957, (traducción Ortega Torres y Guerrero).

37. **CARNELLI, LORENZO;** "Con motivo de <el hecho notorio>", Revista de Derecho Procesal Argentina, 1945, I.

38. **CARNELUTTI, FRANCISCO;** *Sistema de Derecho procesal civil*, I. Introducción y función del proceso civil, trad. de Alcalá Zamora y Castillo y Sentis Melendo, UTEHA, Argentina, 1944.

39. _____; *Lecciones sobre el Derecho Procesal*, T-I, Ediciones jurídicas Europa América, Bosch y Cia, Editores, trad. de Santiago Sentis Melendo, Bs, As, 1950.

40. _____; *En: La prueba civil*, Buenos Aires, 1955.

41. _____; *Teoría General del Derecho*; trad. Francisco Javier Osset, Revista de Derecho Privado, 3ra edición, Madrid, 1955.

42. **CHIOVENDA, JOSÉ;** *Principios de Derecho Procesal Civil*, trad. De José Casáis y Santaló

de la 3ra. Edición italiana, Madrid, Edit. Reus, tomo II; 1941

43. **CLARIA OLMEDO;** *Tratado de Derecho Procesal*, T.IV, Edit. Bs. As, 1964.

44. <u>COAGUILLA VALDIVIA</u>, **JAIME;** "El silogismo vs. las sentencias judiciales", <u>Revista Internauta de Pràctica Jurídica</u>; SEMESTRAL DE DRET PROCESSAL I PRÀCTIC, Núm. 10; (julio-diciembre, 2002) <u>http://www.uv.es/~ripj/10val.htm</u>; ISSN: 1139-5885.

45. **COLÍN SÁNCHEZ, GUILLERMO;** *Derecho Mexicano de Procedimientos Penales*. Porrua. 16 Edición. México, 1997.

46. **COMOGLIO, LUIGI PAOLO;** " Prave ed accertamiento dei fatti nel nuovo C.P.P"., Revista Italiana di Diritto e Procedura Penale, 1990, IP.

47. **CORDERO, FRANCO.;** *Procedure Penale*, Milano, 5ª Ed., 1979.

48. **CORTÉS DOMINGUEZ, VALENTIN Y OTROS;** *Derecho Procesal Civil*, 2ª. Edición, Editorial Colex, 1997.

49. _____; *Guida a lla procedura penale* Utet, Torino, 1986.

50. **CLIMENT DURANT, CARLOS;** "Modificaciones introducidas por la Ley Orgánica del Poder Judicial en la formulación de las sentencias", Terceras Jornadas de Derecho Judicial, Tomo I, Madrid, 1987.

51. _____; *La prueba penal,* Edit. Tirant Lo Blanch, Valencia, España, 1999.

52. **COUTURE, EDUARDO;** *Fundamentos de Derecho Procesal Civil*, Buenos Aires, Editorial Depalma 3era. edición 1978.

53. **CHUMILLAS MOYA, MARTA;** "Motivación de las resoluciones judiciales", en Revista Internauta de Pràctica Jurídica; SEMESTRAL DE DRET PROCESSAL I PRÀCTIC, Núm. 10; (julio-diciembre, 2002); http://www.uv.es/~ripj/10mot.htm; ISSN: 1139-5885. Consultado: 6-6-03

54. **CRUZ CASTRO, FERNANDO;** "Principios Fundamentales para la Reforma de un Sistema Procesal Mixto". El Caso De Costa Rica; en Revista Ciencias Penales, No.8, marzo – 1994, año 5, N° 8, San, José Costa Rica, http://www.poderjudicial.go.cr/salatercera/revista/REVISTA%2010/ada10.htm, consultado: 3-9-03.

55. **DE GONZÁLEZ MARISCAL, ISLAS.** -"La prisión preventiva: doctrina y constitución mexicana", en Revista Jurídica, N° 56-1989.

56. **DEL RÍO FERRETTI, CARLOS;** "Consideraciones básicas sobre el sistema de prueba en materia penal y control sobre el núcleo fáctico mediante recurso de nulidad (I)", Revista Internauta de Práctica Jurídica; Semestral de Dret Processal I Pràctic, ISSN: 1139-5885, Núm. 8, (julio-diciembre, 2001) http://www.uv.es/~ripj/, consultado: 6-6-03.

57. _____;
"Consideraciones básicas sobre el sistema de prueba en materia penal y control sobre el núcleo fáctico mediante recurso de nulidad (II)",

ISSN: 1139-5885; Revista Internauta de Práctica Jurídica; SEMESTRAL DE DRET PROCESSAL I PRÀCTIC, Núm. 9, (enero-junio, 2002) http://www.uv.es/~ripj/9car..htm. Consultado:6-6-03.

58. **DEL JUNCO, ALBERTO Y JOSÉ PORTUONDO**; *Ley de Enjuiciamiento Criminal, Vigente en la República de Cuba*, Úcar, García y Cía; La Habana, 1946.

59. **DE LA RUA**; "La Motivación de la Sentencia y Control", en Un Codice Tipo di Procedura Penale per l´ America Latina, Congresso Internacionalle, Roma 11-13 Settembre 1991, V/2.

60. **DE LUCA, GIUSEPPE**; "Li sistema delle prove penali e il principio del libero convincimento nel nuovo rito", Revista Italiana di Diritto e Procedura Penale, 1992, fasc 4.

61. **DE MARINO BORREGO**; *"Las prohibiciones probatorias como límites al derecho a la prueba"* en Primeras Jornadas de Derecho Judicial", Madrid, 1983.

62. **DE MIGUEL Y ALONSO, CARLOS**; "La cientificidad de la prueba pericial y la libertad de apreciación del juzgador en el proceso civil español", R.D.Proc.Iber, 1972, núm.1.

63. **DENTI, V**; "Cientificidad de la prueba, en relación principalmente con los dictámenes periciales y la libertad de apreciación del juzgador", Ponencia general al V Congreso Internacional de Derecho procesal, México, 1972, Revista de Derecho Procesal Iberoamericana, 1972, Nos2-3.

64. **DEVIS ECHENDIA, HERNANDO;** "<Contenido naturaleza y técnica de la valoración de la prueba judicial>", R, D.proc.Iber, Núm.1, 1966.

65. _____; *Teoría general de la prueba judicial*, T-I, 2da edición, Bs.As., 1972.

66. **DÍAZ CABIALE, J.A.;** "LA admisión y práctica de la prueba en el proceso penal". Cuadernos del CGP.J, 1992.

67. **DÍAZ PINILLO, MARCELINO;** "Consideraciones sobre el Decreto Ley 87"; Revista Jurídica /17, Oct. Dic, 1987, año v, Ministerio de Justicia, 1988, La Habana, Cuba.

68. **DÖHRING, ERICH;** "La Prueba. Su Práctica y Apreciación". Divulgación Jurídica, No. 8, año 3, Ed. Minjus, La Habana, 1985.

69. **EYMAR ALONSO, CARLOS;** "La Justicia de la Razón y la Razón de los Jueces"; en Centro de Estudios Jurídicos. Colección Cursos. Vol.5. Ministerio de Justicia. Centro de Publicaciones. Madrid, 1990.

70. **FAIRÉN GUILLÉN, VÍCTOR;** "Doctrina General del Derecho Procesal", Edit. Bosch, Barcelona, España, 1990.

71. **FALCON, ENRIQUE M.;** *Cómo se ofrece y produce la prueba*, Segunda edición actualizada, Ed. ABELEDO – PERROT, Buenos Aires, 1995.

72. **FREDAS, PIETRO;** "Introducción a la Tercera Edición de las Pruebas Penales de Florián, reimpresión de tercera edición", Edit. Temis, Bogotá, Colombia, 1990 (Traducción Castellana Jorge Guerrero).

73. **FENECH, MIGUEL;** *Derecho Procesal Penal*, Ed labor, S.A, Volumen Primero, Tercera Edición, Barcelona Madrid, 1960.

74. **FERNÁNDEZ BULTÉ, JULIO;** *Filosofía del Derecho*, Ed. Félix Varela; La Habana; 1997.

75. **FERNANDEZ CARNICERO, CLARO J.;** "Parlamento y poder Judicial (acotaciones a la escena política de la Revolución Francesa. 1789-1791)", en Centro de Estudios Jurídicos. Colección Cursos. Vol.5. Ministerio de Justicia. Centro de Publicaciones. Madrid, 1990.

76. **FERNÁNDEZ ENTRALGO, JESÚS;** "Presunción de Inocencia, libre apreciación de la prueba y motivación de las sentencias", R.G.D., 1986, Vol. 5.

77. _____; "La motivación de las resoluciones judiciales en la doctrina del Tribunal Constitucional", Poder Judicial, No. Especial XI, 1989.

78. _____; "Las Reglas del Juego. prohibido hacer Trampas: La Prueba ilegítimamente obtenida", en Cuadernos de Derecho Judicial, La Prueba en el Proceso Penal II, Consejo General del Poder Judicial, Madrid, 1996.

79. **FERRI, ENRICO;** *Sociología Criminal*, traducción de Antonio Soto Hernández, Ed. Góngora, Madrid, s.f.

80. **FLORIÁN, EUGENIO;** *De las Pruebas Penales*, Tomo I, De la Prueba en General, tercera reimpresión de la tercera edición, editorial Temis S.A., Santa Fe de Bogotá, Colombia, 1998.

81. **FRAMARINO DEI MALATESTA, NICOLA;** *Lógica de las Pruebas en Materia Criminal,* Edit. Temis, Colombia, Bogotá, 1995, (Traducción de Jorge Guerrero).

82. **FREDAS, PIETRO;** *Introducción a la 3ª edición de la Prueba en Materia Penal de Florián,* Edit. Temis, Bogotá, Colombia, 1990.

83. **FUEYO LANERI, FERNANDO;** "Interpretación e integración de la norma en contra de su literalidad por los tribunales de justicia". en ponencias presentadas en el Congreso Interpretación, Integración y Razonamientos Jurídicos. Editorial Jurídica de Chile. 1992.

84. **FURNO;** "Teoría de la Prueba Legal", Edit. Revista de Derecho Privado, Madrid, España, 1954.

85. **GOLDSCHMIT;** *Principios generales del proceso,* I, Ediciones Jurídicas Europa, América, 1961.

86. **GÓMEZ DARIAS, EMIGDIO.** -"De la defensa y otras garantías en la Ley Procesal Penal Militar", en Revista Jurídica, Nº 4-1984.

87. **GÓMEZ ORBANEJA, EMILIO;** *Derecho Procesal Civil,* Madrid, 1976.

88. **GÓMEZ ORBANEJA. EMILIO y VICENTE HERCE QUEMADA;** *Derecho Procesal,* Vol.II, Cuarta edición, Madrid, 1954.

89. **GÓMEZ COLOMER, J. L.;** *"El Proceso Penal Alemán". Introducción y Normas Básicas* "Barcelona, Bosch, 1985.

90. _____ "La instrucción del proceso penal por el Ministerio Fiscal: Aspectos estructurales a la luz del derecho comparado",

en Ciencias Penales, Año 9, No.13, Agosto 1997, Revista de la Asociación de Ciencias Penales de Costa Rica, http://www.poder-judicial.go.cr/salatercera/revista/REVISTA%2013/gomez13.htm, consultado: 3-9-03.

91. **GONZÁLEZ MONTES, J. L.;** "La prueba obtenida ilícitamente con violación de los derechos fundamentales (el Derecho Constitucional a la prueba y sus límites)", en Revista de Derecho Procesal, 1990, I.

92. **GORPHE, FRANCOIS;** *Apreciación judicial de las pruebas*, Traduc. Jorge Guerrero, Ed. Temis, Bogotá, 1985.

93. **GRILLO LONGORIA, JOSÉ A.** -"Naturaleza política del debate jurídico penal en La Historia me absolverá", en Revista Cubana Derecho, Nº 14.

94. **GUASP, JAIME;** "La prueba en el proceso civil español", en la Revista de la Facultad de Oviedo.

95. _____; *Derecho procesal Civil*, T-1, Madrid, 1968.

96. **GUTIERREZ-ALVIZ Y CONRADI, FAUSTINO;** "La valoración de la prueba penal", Revista de Derecho Procesal Iberoamericana, 1975, No.4.

97. **GHIARA,** "Presunzione d'innocenza, presunzione di < non colpevoleza > e formula dubitativa, anche alla luce degli interventi della Corte Costituzionale", Riv.IT. Dir e Proc.pen, 1974.

98. **HABERMAS, JURGEN;** *Teoría de la Acción Comunicativa*, Madrid, Taurus, 1987.

99. **HASSEMER, W,** *Fundamentos del Derecho Penal*, Bosch, Barcelona, 1984.

100. **HERNANDEZ GIL, FRANCISCO;** *La prueba preconstituida*, Centro de Estudios Judiciales, Vol.-12, Ministerio de Justicia, 1993.

101. **HOUED VEGA, MARIO A;** "LA CARGA DE LA PRUEBA EN EL PROCESO PENAL", en Revista Ciencias Penales, Asociación de Ciencias Penales de Costa Rica, Noviembre 1990, Año 2, N° 3, http://www.poder-judicial.go.cr/salatercera/revista/REVISTA%200 3/houed03.htm, consultado: 3-9-03.

102. **IGARTUA SALAVERRIA, JUAN;** *Valoración de la prueba, motivación y control en el proceso penal*, Ed. Tirant lo blanch, Valencia, 1995.

103. **ILLUMINATE, GIULIO,** *La presunzione d'innocenza dell'imputato*, Bolonia, 1984.

104. **INTERIAN VARGAS, CARLOS A.** -"A propósito del Procedimiento de Inspección Judicial", en Revista Jurídica, No. 3-1984.

105. **JAEN VALLEJO, MANUEL;** "La práctica de la Prueba en el juicio penal como presupuesto para desvirtuar la presunción de inocencia", Revista General de Derecho, No. 507, Dic. 1986.

106. _____ "Incidencia sobre la presunción de inocencia de las declaraciones sumariales dadas por reproducidas en el juicio (Comentario a la sentencia del Tribunal Constitucional 64/1986 y precedentes)", R.G.D. No. 504, Sep.1986.

107. **JIMÉNEZ CONDE, FERNANDO;** "Reflexiones en torno a la obra de Stein. El

conocimiento privado del juez", Revista de Derecho Procesal Iberoamericana, 1974, No.1.

108. **JORGE BARREIRO, A**; "La prueba en el proceso penal", Plan Territorial de Extremadura, CGP.J, Vol. II, 1992.

109. **KIRÁLY, TIBOR**; *Procedimiento Criminal, Verdad y Probabilidad*, Educación y Ciencias Sociales, La Habana, 1988.

110. **KECHEDKIAN, V Y J. FEDKIN;** *Historia de las ideas políticas*; Ed. Política, La Habana; 1964.

111.   **KIELMANOVICH, JORGE;** *Teoría de la Prueba y Medios probatorios,* Edit. Abeledo Perrot, Argentina, Buenos Aires, 1996.

112. **LARIN, A;** *Tribunales y organismos de instrucción*, en Bases Constitucionales de la justicia en la URSS, Redacción *"Ciencias Sociales Contemporáneas"*, Moscú.

113. **LEONARDO FRANK, JORGE**, *Sistema de Acusatorio criminal y Juicio Oral*, Lenner Editores Asociados, Bs.As, 1986.

114. **LEONE, GIOVANNI;** *Tratado de Derecho Procesal Penal*, Buenos Aires, EJEA, Tomo II, 1963.

115. **LESSONA,** *Teoría General de la Prueba en el Derecho*, Edit. Reus, 1928.

116. **LOPEZ FRAGOSO;** *Las intervenciones telefónicas en el proceso penal*, COLEX, Madrid, 1991.

117. **LÓPEZ BORJA, LUIS;** "Presunción de Inocencia, tutela judicial y motivación de las sentencias", en AA.VV. Los principios del

proceso penal, cuadernos de Derecho Jud. No. XIII, C.G. P.J., Madrid, 1992.

118. **LÓPEZ BORJA DE QUIROGA, JACOBO;** *Las escuchas telefónicas y la prueba ilegalmente obtenida*, Madrid, 1989.

119. _____; "La Motivación y Control de las decisiones jurisdiccionales", en Un Codice Tipo di Procedura Penale per l´ America Latina, Congresso Internacionalle, Roma 11-13 Settembre 1991, V/2.

120. _____; "La motivación de las sentencias", en AA.VV. La sentencia penal, cuadernos de Der.Jud. No. XIII. C.G.P.J, Madrid, 1992.

Tema III: El criminalista como testigo especial en el proceso penal.

1.El perito como testigo especial. Algunas reflexiones al respecto. 2. El informe pericial en el proceso penal en el sistema acusatorio. Concepto. *2.1. Apreciación del informe pericial. 2.2. valoración del informe pericial.*

1.El perito como testigo especial. Algunas reflexiones al respecto.

En sentido general, un testigo es aquella persona que percibe por sus sentidos la ocurrencia de un acontecimiento o fenómeno determinado sin estar directamente involucrado en él en condición de autor o cómplice. De esta definición se desprende que el testigo es aquel que experimenta la presencia, en tiempo real, de un fenómeno o acontecimiento. Entre los límites de esta definición se encuentra que el testigo *solo puede ser una persona* dado que sólo las personas pueden percibir racionalmente los fenómenos que le rodean y emitir juicios inteligentes al respecto. Desde el ámbito procesal se comprende al testigo como aquella persona que, en esencia, ha experimentado el acontecimiento (hecho delictivo) y posee la capacidad suficiente para transmitir esta experiencia aprehendida tras el llamado de las autoridades judiciales. En este sentido, para GIMENO CENDRA, MORENO CATENA Y CORTÉS DOMÍNGUEZ un testigo "es la persona física ajena al proceso citada por el órgano jurisdiccional a fin que preste declaración de ciencia sobre hechos

277

pasados relevantes para el proceso penal, en orden a la prueba y constancia de la perpetración de los delitos, con todas las circunstancias que pueden influir en su calificación y la culpabilidad de los delincuentes, adquiriendo status procesal propio".[77]

Con esta nueva concepción procesal sobre el testigo se asume que éste puede ser también aquella persona que puede dar un criterio o conocimiento cierto sobre el fenómeno o acontecimiento puesto en consideración del tribunal debido a su experiencia en ese tipo de fenómenos concretos o por su formación científica al respecto. Esta idea es la que ha llevado a los legisladores latinoamericanos a incluir al perito como un sujeto-testigo especial en la mayoría de leyes procesales de nuestro continente. De esta manera queda claro que el perito como testigo debe cumplir como mínimo cinco condiciones a saber:

- Persona física - carácter humano.

---

[77] GIMENO CENDRA, MORENO CATENA Y CORTÉS DOMÍNGUEZ: Lecciones de Derecho Procesal Penal citado por MIGDALIA PEÑALVER CRUZ en La Prueba testifical. El instructor como medio de esta prueba. Tesis en opción del grado de especialista en Derecho Penal. Facultad de Derecho de la Universidad de la Habana. La Habana, Cuba. 2004. P.24.

- Ajeno – esto se debe a que el perito no es parte en el proceso y, consecuentemente, no responde a un interés personal sobre la resolución del proceso penal en favor propio.

- Involuntario – normalmente la relación de todo testigo con los hechos es casual o circunstancial. En el caso del perito ésta debe cumplir también con este requisito, aunque muchos cuerpos legislativos exigen que cuando un perito ha tenido algún tipo de relación de este tipo con los hechos debe ser sustituido por otro. Aquí se pretende que el perito aporte conocimientos científicos y solamente sea guiado por ellos a la hora de dictaminar. Si el perito ha estado relacionado de alguna manera previa con el fenómeno concreto (hecho delictivo, por ejemplo) al examinar su dictamen puede verse viciado por sus subjetividades y todo el acervo cultural y social que el perito ha aprehendido durante su vida. Consecuentemente pudiera parcializarse por alguna de las partes a la hora de emitir su informe en el juicio oral.

- Conocimiento - nace con anterioridad al proceso. Se requiere que el perito sea una persona titulada y calificada en el estudio y análisis de la fenomenología que se ha puesto a su consideración.
- Función - convicción; su testimonio debe servir al juzgador para dictar sentencia.

Así, en resumen, el perito es un testigo especial en cuanto no ha experimentado la ocurrencia del hecho delictivo que se ha puesto a su consideración, pero posee los conocimientos suficientes para interpretar el hecho, las circunstancias en las que ha ocurrido y explicarlas de manera fundamentada e indubitada al órgano juzgador y las partes aportando los elementos necesarios para el proceso de formación de la convicción judicial.

2. El informe pericial en el proceso penal en el sistema acusatorio. Concepto.

En capítulos anteriores analizamos la diferencia y la relación entre *peritaje*, *dictamen pericial* e *informe pericial*. De aquellas ideas retomamos la posición de cada una de estas categorías en el proceso penal. El peritaje se desarrolla en la fase investigativa del proceso y puede trascender al resto de la fase preparatoria. El dictamen pericial queda formalizado durante la fase preparatoria, ya sea en la fase investigativa (cuando se concluya el peritaje) o en la fase de instrucción y aseguramiento (especialmente en caso de que el peritaje se haya ampliado a solicitud de la fiscalía o del propio tribunal, si corresponde). En la fase intermedia también se introduce el dictamen pericial como una de los fundamentos de la acusación formal. En cambio, el informe pericial es concebido para el acto del juicio oral. Como bien explicamos con anterioridad, ello se debe a que en esta fase rige el principio de oralidad. No obstante, el dictamen puede ser leído excepcionalmente si las partes y el propio tribunal así lo acuerdan y las circunstancias del juicio oral lo ameritan.

En este epígrafe centraremos nuestra atención al estudio del informe pericial. El concepto de *informe pericial* parte precisamente de la propia estructura del proceso penal y la dinámica necesaria del juicio oral. El juicio oral es indubitadamente una de las etapas del proceso penal y en él se requiere la vigencia y respeto absoluto de cinco principios esenciales:

- Celeridad: ésta exige que la
- Continuidad:
- Inmediación:
- Oralidad:
- Contradicción:

De la imperatividad de estos principios antes enunciados se desprende la necesidad de que el perito que ha dictaminado asista personalmente al juicio oral para que informe sobre su actividades realizadas durante el peritaje y las conclusiones a las que ha arribado. Es decir, para que informe cara a cara al juez, a las partes y al público presente sobre el contenido del dictamen pericial. Sólo de esta manera se podría garantizar el examen directo del juez sobre este medio de prueba, su apreciación y valoración de una manera transparente y acelerada, así como la facilidad de las partes de exponer sus puntos de vistas y oposiciones desde una igualdad de condiciones procesales. Toda esta necesidad es la que permite concebir el informe pericial como un medio de prueba mediante el cual se ilustra de toda la actividad pericial realizada a lo largo del proceso penal de una manera pronta y práctica. Aquí no se trata de realizar nuevamente el peritaje o leer simplemente el dictamen escrito. La idea del informe es que el perito explique el contenido de su dictamen de una manera amena para las partes y responda todas aquellas preguntas e inquietudes que ellas y el propio juzgador le formulen.

2.1. Apreciación del informe pericial.

El informe pericial, como todo medio de prueba, debe ser sometido a un proceso de apreciación; así como mismo los elementos de pruebas introducidos a partir de él deben someterse a la valoración del juzgador.

En sentido general se entiende por apreciación el proceso intelectual por el cual se determina de manera aproximada el valor de algo.[78] Ya en el ámbito procesal y forense por apreciación del informe pericial debemos entender aquel proceso en el que se razona sobre la pertinencia o no de los

---

[78] Definición de "apreciar" en el diccionario *wordreference*. Obtenible en www.wordreference.com/definicion/apreciar . Consultado el 18 de noviembre de 2017.

elementos de prueba introducidos por éste durante el juicio oral. De esta manera, estos elementos de prueba serán las conclusiones del perito plasmadas en el dictamen pericial y todas aquellas reflexiones que realice entorno a aquella parte del objeto del proceso que se ha puesto a su consideración. Con esto queremos significar que muchas veces el perito puede ampliar sus criterios a partir de las preguntas que le formulen las partes y el tribunal en el juicio oral. Todas estas reflexiones adicionales del perito deben quedar registradas en las actas del juicio oral y las partes pueden tomar de ellas aquellos datos que le resulten útiles para fundamentar su teoría del caso en sus conclusiones finales. Igualmente, el tribunal puede apreciar todas aquellas reflexiones que emita el perito en el juicio oral siempre que éste último no pierda su objetividad y rol en el proceso. En resumen, todo lo que informa el perito y las reflexiones que realice pueden ser tomadas en cuenta total o parcialmente por las partes y el propio tribunal para posteriormente ser sometidas a un proceso de valoración judicial por éste último. Entonces, la apreciación del informe pericial se manifiesta en dos momentos. El primero de ellos es desde que el tribunal admite el paso del dictamen pericial al juicio oral como parte del pliego acusatorio que ha sido radicado como causa procesal. Ya desde aquí se presume que el tribunal ha admitido tácitamente la presencia del perito para que emita un informe de aquello que consta en el dictamen. Un segundo momento sería cuando el perito rinde informe y las partes y el juzgador captan aquellos datos que les resultan relevantes para fundamentar sus conclusiones definitivas y enriquecer el debate en aras de un posterior proceso de valoración que realizará finalmente el juez. Aquí el elemento de prueba apreciado no es todo lo que el perito dice o lo que ha concluido, sino aquellos datos que las partes y el tribunal han considerado relevantes para un posterior proceso de valoración judicial.[79] Así,

---

[79] Interesante resultan aquellos casos en los que el perito durante su informe cambia su parecer emitiendo un criterio contradictorio al que está plasmado en las conclusiones del dictamen pericial. En tal sentido vale la pena analizar si se

entre la apreciación y la valoración se establecen relaciones muy interesantes que tienden a llevar a una gran confusión, al punto que erróneamente muchas veces se tratan indistintamente en la doctrina como un mismo proceso. La apreciación es un proceso que precede a la valoración. Es decir, no se puede realizar una valoración judicial si antes no se han apreciado los elementos de pruebas que serán sometidos al proceso de valoración. Por eso no es erróneo afirmar que la apreciación es un filtro necesario de elementos de pruebas que garantiza la objetividad de la valoración judicial porque permite que sólo lleguen aquellos elementos realmente relevantes al proceso de valoración y de conformación de la convicción judicial. Otra diferencia es que la valoración judicial relevante

---

debe tener en cuenta las conclusiones contenidas en el dictamen pericial o las nuevas emitidas por el perito durante su informe pericial, aun cuando contradigan en todo o en parte las conclusiones del dictamen criminalístico. Al respecto la doctrina procesal da relevancia a lo manifestado en el informe pericial debido a la vigencia del principio de inmediación durante el juicio oral. No obstante, en la doctrina forense aún se debate si en los supuestos antes descritos debería priorizarse el criterio enunciado en el dictamen pericial.

para la fundamentación del fallo únicamente la puede realizar el juzgador mientras que la apreciación la pueden realizar éste y las partes también, aunque en determinados momentos del proceso penal (especialmente en la fase preparatoria donde otros sujetos intervienen también en el proceso de apreciación de elementos y medios de prueba).[80] Como bien afirma ARRANZ CASTILLERO, "mientras la apreciación tiene un carácter fragmentario, en tanto tiene lugar en la inmediata relación con los medios probatorios (su percepción directa o juicio critico sobre credulidad y eficacia de los datos fácticos que ofrecen, de las fuentes de prueba), la valoración, aunque incluye el análisis particularizado de éstos, va más a la evaluación del cuadro total y global del material probatorio y del suceso."[81] Una última diferencia

---

[80] También durante sus conclusiones provisionales y las conclusiones finales las partes pueden desarrollar actos de valoración de pruebas sin trascendencia en el fallo judicial porque sólo la valoración judicial es trascendental a tales fines.

[81] Tomado de ARRANZ CASTILLERO, VICENTE JULIO: *Cuestiones Teóricas Generales sobre la prueba en el proceso penal*

que quisiéramos traer a colación es que la valoración de la prueba se lleva a cabo al final del juicio oral. Mientras que la apreciación de los medios y elementos de prueba está presente en distintos momentos del proceso desde sus inicios.

El peritaje propiamente dicho es apreciado desde que el instructor o persona encargada de la investigación preliminar analiza la utilidad de éste para poder demostrar la ocurrencia del hecho delictivo denunciado y la determinación de sus autores. Esta primera apreciación se concreta a partir del momento que se solicita formalmente el peritaje. Por su parte, el dictamen pericial es apreciado a partir del momento que la fiscalía (órgano acusador) lo analiza y asume como idóneo para fundamentar el pliego acusatorio. En ese sentido esta apreciación se concreta cuando el fiscal, en la fase intermedia hace entrega formal de sus conclusiones provisionales al tribunal solicitando que radique el expediente como causa e

cubano. Tesis en opción del grado científico de Doctor en Derecho por la Universidad de La Habana. Facultad de Derecho de la Universidad de La Habana. Cuba. 2003. P. 127-128.

incluye el dictamen criminalístico correspondiente entre los medios de prueba propuestos.

Otro momento de apreciación se lleva a cabo por el tribunal cuando analiza el pliego acusatorio y determina que realmente el dictamen pericial será relevante para el proceso de formación de una convicción judicial, pues éste podría rechazarlo sin problema alguno dada sus facultades discrecionales en esta etapa del proceso. Otra apreciación se lleva a cabo durante el juicio oral, como ya hemos explicado con anterioridad en lo que respecta al informe pericial.

También *apreciar*, como su propio sentido etimológico lo indica, es una actividad en la que predomina el componente perceptivo o sensorial por cuanto conlleva – cognoscitivamente - entrar en contacto con determinado objeto, es decir, entraña inmediación como peldaño de la percepción (contacto directo). Ello procesalmente equivale a señalar que es la directa relación con el medio de prueba en el momento de su práctica (con excepción de la llamada "*prueba anticipada o "preconstituida*") o con los elementos de prueba que éstos aporten al proceso penal. Con este proceder el juez asume los datos que éste le ofrece (fuente de prueba), lo que pone de relieve su componente intelectual (menor en comparación con la valoración) en tanto el sujeto destinatario de la prueba va conformando *"su juicio acerca de la credulidad y eficacia de la fuente de prueba."*[82]

2.2. Valoración del informe pericial.

Parafraseando a ARRANZ CASTILLERO la valoración del informe pericial sería *la actividad u operación intelectual de exclusividad jurisdiccional llevada a cabo durante la etapa decisoria del proceso con el fin de determinar sí los datos fácticos obtenidos de la práctica del dictamen pericial, expuestos en el informe pericial y debatidos por las partes poseen la entidad y cualidad suficiente y requerida para destruir la presunción de inocencia y permitir la certeza plena (objetiva y contrastable) sobre la*

---

[82] Tomado de ARRANZ CASTILLERO, VICENTE JULIO: *ob.cit.* P. 127.

ocurrencia del hecho objeto de la pretensión punitiva y del proceso.[83] Por consiguiente, la valoración del informe pericial forma parte del proceso conclusivo de toda la actividad probatoria. Esto quiere decir que durante el proceso final de valoración judicial algunos de los elementos que se toman en cuenta son aquellos aportados por el informe pericial y el debate que en torno a él desarrollan las partes.[84] En tanto proceso cognoscitivo, es mucho más elevado que el proceso de apreciación; por lo que exige mayor sentido crítico del objeto de análisis.

Los elementos de pruebas resultantes de la valoración del informe pericial que sean asumidos como prueba servirán para el fallo resolutorio y para la fundamentación posterior de la sentencia.

---

[83] ARRANZ CASTILLERO, VICENTE JULIO: *ob.cit.* P. 128-129.

[84] Ello no significa que las partes durante sus conclusiones finales no dediquen parte de sus alegatos a la valoración del dictamen pericial. Lo que sí debe quedar claro que la actividad valorativa trascendental desde el ámbito procesal es la del sujeto destinatario de la prueba; es decir, la del Juez.

Cada vez más en los sistemas jurídicos latinoamericanos rige la sana crítica como sistema de valoración de la prueba[85] y ello obliga al juzgador a explicar por qué asume unos elementos como prueba y desecha otros. En otras palabras, obliga a la fundamentación de la sentencia. Ahora bien, para evitar una dictadura o abuso de la subjetividad judicial las leyes procesales han ido exigiendo, cada vez más, la cientificidad de la prueba. Ello es lo que ha dado a lugar a que cada

---

[85] Los Dos sistemas restantes son el **Sistema de la íntima convicción o apreciación en conciencia de la prueba.** Este sistema es propio de los sistemas acusatorios puros y solamente exige al juez que sea fiel a su conciencia y convicción judidical, por lo que no existen reglas legales que obliguen al juez a valorar los elementos de pruebas resusltantes del informe pericial de una manera determinada. Otro sistema es el de **la tarifa legal o de la prueba tasada.** Al contrario del primero, éste se caracteriza por el establecimiento de restricciones a la actuación probatoria de los jueces a través de la previsión del modo de probar determinados delitos. Así el valor de cadad prueba queda pre'establecido en la propia ley. Al respecto vide: DEVIS ECHANDIA, HERNANDO, *Teoría general de la prueba judicial*, T-I, 2da edición, Bs.As., 1972, PS 85 y 86. MAIER, JULIO, *Derecho Procesal Penal Argentino*, Bs.As., 1989, T.-I, PS.-595 y Ss. SENTIS MELENDO, Santiago, La Prueba, Bs.As., 1979, PS.-248 y SS. Ya VELEZ MARICONDE, A, *Derecho Procesal Penal*, Bs.As., 1968, T-II, PS.-357.

vez la prueba pericial adquiera mayor importancia en el proceso penal. De esta manera, durante el proceso de valoración de la prueba el informe pericial deviene, además de medio de prueba, en un medio de validación de elementos de prueba aportados por otros medios. Esto significa que el juzgador valora los elementos de pruebas aportados por distintos medios de pruebas durante el juicio oral de manera integradora, también valora la coincidencia de los elementos de pruebas aportados por el informe pericial con otros elementos de prueba; pues dicha correspondencia suele incidir fuertemente en la formación de la convicción judicial. Eso se debe a que la prueba pericial es considerada una de las pruebas más científicas e indubitadas a la hora de justificar el fallo resolutorio en la sentencia misma. Por eso no es extraño que entre jueces el dictamen e informe pericial sea reconocido muchas veces como los reyes de los medios de prueba.

Bibliografía

1. Aguilera de Paz, Enrique. Comentarios a la Ley de Enjuiciamiento Criminal. Madrid: Hijos de Reus Editores 1914Tomo V

2. Cafferata Nores, José L. Derecho Procesal Penal. Consensos y nuevas ideas.

3. Carnelutti, Francisco. Lecciones sobre el proceso Penal. Buenos Aires. Ediciones Jurídicas Europa-America 1950 Bosch y Cia.

4. Dohring, Erick. La prueba, su practica y apreciación. Divulgación jurídica No 4 y 5, La Habana: Ediciones MINJUS 1985.

5. Escusol Barra, Eladio. Manual de Derecho Procesal Penal. Madrid: Editorial Colex, 1993.

6. Fenech Miguel. Derecho Procesal Penal. Barcelona. Editorial Labor S.A, 1960 Tomo I.

7. Fenech Miguel. Derecho Procesal Penal. Barcelona. Editorial Labor SA, 1960 Tomo II.

8. Gimeno Sendra, Vicente y otros. Lecciones de Derecho Procesal Penal. Primera Edición 2001, Editorial Colex.

9. Maier, Julio BJ. Derecho Procesal Penal Tomo I, Volumen B. Edición Hammurabi. Buenos Aires SRL 1989.

10. Muñoz Conde, Francisco. Búsqueda de la verdad en el Proceso Penal. Buenos Aires. Editorial Hammurabi, Volumen I.

11. Muerza Esparza, Julio J. El Proceso Penal Abreviado. Navarra. Editorial Arazandi 2002.

12. Paz Rubio José María y otros . La prueba en el proceso Penal, su practica ante los Tribunales. Editorial Colex 1999.

13. Pedraz Penalva Ernesto. Derecho Procesal Penal. Tomo I. Madrid Editorial Colex 2000.

14. Ramos Mendez, Francisco: El Proceso Penal: Edición JM Bosch. Editor-2000. Tironilionio SL. Ronda Universidad, 11. 08007 Barcelona.

15. Rives Serva, Antonio Pablo. La Prueba en el Proceso Penal. Doctrina de la Sala Segunda del

Tribunal Supremo, tercera Edición, Pamplona Editorial Arazandi.

16. Rivero García, Danilo, y otros. El Juicio Oral. Ediciones ONBC,2002.

17. Viada López- Perigcernes,Carlos. Lecturas de Derecho Procesal Penal para jueces.Tomo II Madrid.

Agradecimientos

- A Dios por encima de todas las cosas por darme la iluminación y salud necesaria para escribir esta obra.

- A mi madre por ser ella mi inspiración, eterna protectora y consejera.

- A todos mis seres queridos que siempre me acompañan y me apoyan día a día.